# フランスパン

## 藤森二郎

駿河台出版社

# はじめに

ここ数年の日本におけるCuisine（料理）、Gâteau（菓子）、Pain（パン）のレベルの高さは、目を見張るものがあります。
でも私がこれらに興味を持つようになった中学生の頃は、フランス料理は、まだ「洋食」と呼ばれ、モンブランの絞りの部分は黄色のアンコだったし、パンは甘くソフトなものが多かった時代でした。
その後、ヨーロッパ（特にフランス）から一気に、多くのシェフや情報が日本に入って来て、日本の「食の世界」あるいは「消費者」は、吸収し消化するのに慌てふためいた時代でした。
しかしながら、私たち日本人の国民性と勤勉さでそれを克服し、吸収するどころか、今では本場フランスに対して発信し、本場顔負けのレベルにまで達しております。
その掛け橋になった一人が、私の師、ムッシュ・フィリップ・ビゴです。
彼が、日本でカルヴェル先生とともにバゲットを焼かなければ、日本におけるフランスパンの文化はどうなっていたでしょうか‥‥？
そんな食文化の伝道師たちをそばに「見て」「聞いて」「食べて」来た、私の経験をレシピやエピソードetc.として、一冊の本にまとめてみました。
巻中の文章で何度か言っているように、この本はあくまでも私の独断と偏見のフィルターを通して表現させていただいております。
それは、20回以上にわたり渡仏し、フランスの地方の隅々まで車で廻り、

自分の眼で見て味わってきた経験と、膨大な写真、それから約10年以上に渡り、毎月、初旬と中旬の2回出筆している、私の店頭誌「ボナペティ(Bon Appétit)＝召し上がれの意味」(2004、5月の現在226号)などをベースにしております。

私たちが、日ごろ作っているパンやお菓子には、私たちなりのストーリーとエピソードがあります。

いつもそれらのことを心に刻んで作っていけば、必ずその気持ちが食べ手に伝わり、レシピ以上のものが出来上がると、信じております。

気持ちを込めれば、必ず伝わる。伝わらないのは、気持ちの込め方が足りないのだと思っております。

この本をまとめていて、少年時代の「遠き憧れの国、フランス」であった頃の初心に戻ることが出来ました。

この最高な経験をさせていただいた、駿河台出版社の井田社長、並びに、私よりフランス通で、フランス語が上手な石田和男さんに、感謝いたしております。

そして育ての親、「Je vous remercie beaucoup Monsieur BIGOT！」

そして私のわがままをいつも許してくれた、亡き母に感謝します‥‥ありがとうございます。

*JIRO FUJIMORI*

はじめに……2

① フランスパンの正式な呼び名は、パン・トラディショネルと言います……6

② 誰が言ったの？ フランスの朝は、クロワッサンとカフェ・オ・レって…？……30

③ フランス人の昼食は長くてゆっくり過ぎる………44

④ 意外や意外！フランスの夕食はごくごく質素？……48

⑤ フロマージュ通になるとパンもワインも楽しくなります……52

⑥ ムッシュー・ビゴの真髄……58

⑦ ビゴの「ルヴァン伝説」を知ってますか？……64

⑧ 「いゃ〜ァ、作るのが、難しい！」の一言……70

⑨ フランスのパンにも温故知新がありそう…？……82

⑩ パン・ペルデュ、私が日本に広めた！自信を持って言えます！……88

⑪ 料理と意外にマッチしたパン・オ・レ……92

⑫ Pour à la Campagne!!さあ、田舎へ行こう!!……96

⑬ 思い入れは強いのですが…パン・デピス……104

⑭ パン・ド・カンパーニュという呼び名は？……110

⑮ 美味しく食べてダイエット〜！……122

⑯ カスクルートって何て訳すの？……126

⑰ パリのカフェの定番クロック・ムッシュー……130

⑱ 食材に事欠かないのが、プロヴァンス〜シュド・ウエスト……134

⑲ **手軽で簡単、家庭で作れるキッシュ・ロレーヌ**………146

⑳ **ビゴの店ではパティシエの仕事でした**………150

㉑ **この様なパンは「ビゴの店」のお客さんならではです**………162

㉒ **シェフ達の思い出がいっぱい**………166

㉓ **フランスのある日曜日**………170

㉔ **初めての方へ（パン作りのプロセス）**………172

㉕ **パンの風味をかもし出す…小麦粉**………176

㉖ **私のお気に入りの、フランスの小麦粉**………180

㉗ **パンの美味しさを生む…イースト（酵母）**………184

㉘ **パンの保存法はレストランに学ぼう！**………188

㉙ **パンとチーズのマリアージュ**………190

㉚ **ようやく来た！ガレット・デ・ロア**………192

㉛ **日本がパンで世界一になった日**………196

［独断偏見］

**シェフ藤森のお勧めのお店〜Boulangerie編〜**………200

**シェフ藤森のお勧めのお店〜Pâtisserie編〜**………202

**シェフ藤森のお勧めのお店〜道具屋編〜**………206

**大好きメニュー**………208

**シェフ藤森のお勧めのお店** アドレスは前のページに紹介しております………210

# ①
## フランスパンの正式な呼び名は、パン・トラディショネルと言います

長年数多くのフランス人・ブーランジェの友人と付き合いをしていると、ちょっとした矛盾が出てきます。「パンの中で一番作るのが難しいのはバゲットだ」という人と、「それが一番簡単だ」と言う人で、意見が真っ二つに分かれるのです。

　どちらも決して間違いではない、というのが私の印象です。何故かって？

　それはこんなに単純明快、シンプルな材料で作るので、作る本人がパン生地の立場になって、もう少し仕込んだ方が良いかとか、発酵させた方がよいかを、考えられれば簡単になります。

　しかしながらその反面、ちょっとでもルーズにしたり、作るのを面倒くさく思ったら、なかなかパン生地は言う事を聞いてくれなくなり、出来上がるパンは不細工で美味しくなくなってしまうから難しくなります。

　だから、作る人の性格が顕著に現れ、作る人にとってはとてつもなく難しく、あるいは素直な人なら、非常に簡単になるのです。

　それでは、このブーランジェの心意気が試されるバゲット、いやそのトータルの呼び名パン・トラディショネルをご紹介します。

　あくまでも私の経験からの説明です。

　まずは、

◎バゲット　Baguette

　フランスではメインですが、どうやら日本では「パリッとした」皮が好きな"通"が好むみたいです。ちなみにBIGOTでは、クープが9本も入っています。だから、すぐ判ります

「棒」とか「杖」の意味。長さ、65cm位

◎パリジャン　Parisien

　長くて太いのでレストランがよく使ってくれます。お得です。日本の家庭では、少し持て余すかも知れません

「パリっ子」の意味

◎バタール　Bâtard

　バゲットより日本では売れています。中身が多くて食べやすいからでしょうか…？量もちょうど良いみたいです。最近では、パ

リジャン同様、パリではあまり見かけなくなりました
「中間」の意味。40cm位
◎フリュート Flûte
　細いためカスクルート（サンドイッチ）にすると最適です
◎フィセル Ficelle
　細くて短いです。薄くスライスしてカナッペなどにすると良いでしょう
　「ひも」という意味
◎ドゥーリーブル Deux-Livres
「1kgのパン」の意味。今ではほとんどお目にかかれません
◎クーペ Coupé
　クープが1本全体に入っている。カタチ的に食べやすいです
　「切る」という意味
◎フォンデュ Fendu
　柔らかい部分と硬い部分を持ち合わせ、案外通好み。ビゴの店には、20年、これひとすじに　毎週買われるお客様がいらっしゃいます。「双子、割れ目」という意味
◎タバチェール Tabatière
　ソフトな部分が多いパンです。「フタ」になる部分はパリッとしております
　生地量350g「煙草入れ」という意味
◎シャンピニオン Champignon
　ちょっとおしゃれなレストランは、好んで作ります。頭のカリカリがなんとも言えません。「きのこ」の意味
◎マーガレット Marguerite
　花の形をした、私のお店ではファンが多いパンです
◎エピ épi
　上からちぎりながら食べている人をフランスでは良く見かけます。「麦の穂」という意味。ビゴの店ではベーコンが入ってます
◎ブール Boule
　丸い形のフランスパン

ムッシュー・ビゴがアルゼンチンのブエノスアイレスで現地の粉で焼いたバゲット。右が「こんな良いバゲット見た事ない!」と喜んで何本も持って帰るシェフ。

パティスリーがSt.バレンタインを大騒ぎしてショコラを売るのは日本だけかと思ったら、最近ではフランスに逆輸入してしまったみたい。バレンタイン時期のフォションのディスプレー。

パリのあるブーランジュリーのアトリエにあった粉。手に取って見ると美味しいバゲットが出来そうな予感がしました。一袋50kg…？（日本は25kgです）

「ボール」という意味。柔かくてフランスパンを食べる時の入門編です

# 毎日がフランスパン!!

　皆さんがフランスパンを知ったのはいつ頃ですか？あるいは又、口にしたのは、何歳のころですか？

　私の場合は東京生まれで、目黒の実家が、父の代に酒屋をスーパーマーケットにした関係上、食べ物屋の環境でしたので意外と早めでした。現在その実家は、装い新たに兄がちょっとオシャレなスーパーにして、「KAMEYA」という名前でやっております。

　最近では手作りソーセージまで作っております。

　そんな中で育った、私の最初の記憶に浮かぶパンは、当時一町内に一軒くらい「木村屋」あるいは「キムラヤ」というパン屋があったのですが、その店の1.5cmくらいにスライスしてある角型食パンに、四角形の業務用缶に入ったマーガリンや、イチゴジャム、ピーナッツバター、あるいはあんこを塗ってもらう、というようなものでした。確か5～6歳くらいの頃でした。

　小学校に通うようになると、給食には食パンのほかに、ドッグ用のパンや（いわゆるコッペパンと呼ばれたものだと思います…）それに付随して、銀紙で包まれた少し平たい四角形のマーガリン、小さなパックのイチゴジャムやチョコレートクリーム etc. が、登場してきました。

　中学生くらいになると、自由が丘のシェル・ガーデン（現ガーデンズ）に青山ドンクのバゲットが並び始め、学校の帰りによく買いに行ったものです。

　後日、人のうわさを聞いて、青山の「ドンク」にパンを買いに行きました。

　店の前（当時の店は現在の店と違って、青山通りに面しておりました）に立って驚きました。ちょっとしたカルチャーショックです。まさにそこは、フランスでした。

店の中からバゲットの袋を持つ、あるいは小脇に抱えた、レストランのギャルソン風の人、あるいは外国人のマダム、芸能人ぽい人など、歌舞伎役者などどんどん出てくるではありませんか。
　店内は、パンを求める人でいっぱいです。
　工房から出てくるバゲットは、黄金色に焼けてパチパチ音がしており、飛ぶように売れていました。
　パン・ド・カンパーニュなどの、当時珍しいパンがありましたが、そのころの私には目を向ける余裕などありませんでした。
　今、ブーランジェになって思えば、当時はオーブンの性能が（主にスチーム）もうひとつなので、焼き色は今とは一寸違っていましたが、他の日本にあるパンの焼き色、艶とは大違いなものでした。私にとっては、幕末のペリーの黒船が来たようなものでした。
　バゲットのほかに、もうひとつ私の目を釘付けにしたのは、クロワッサンなどのヴィエノワズリー（菓子パン）etc.です。
　菓子パンといえば、アンパン、クリームパン、ジャムパンぐらいしか見たことのない私にとって、サクサクしたクロワッサン、パン・オ・ショコラ、パン・オ・レザン、ダノワーズ類（デニッシュ・ペストリー）は、まるでお菓子を食べているような錯覚さえ起しそうでした。
　ガトーも圧巻です。
　プラリネのバタークリームで作ったマスコット（Mascotte）、ショコラのしっかりした味のカラク（Caraque）、チェリーのお酒を使ったキルッシュ（Kirsch）など、今では懐かしいお菓子ばかりです。
　今日でも綺麗にデコレーションした軽いムースより、このようなバタークリームのしっかりしたガトーやタルトが好きなのは、当時の印象がよほど強かったのでしょう。
　"故きをたずね新しきを知る"、いわゆる"温故知新"という言葉があるように、こうしたクラシックなケーキは、近い将来必ず少しイメージチェンジして、又スポットライトを浴びると信じて

います。

　つい最近ブームになった、なめらかプリンや、ロールケーキなどはその一例です。

　また、最近日本でもそうですが、フランスでもクラシックな「レトロ・バゲット（Rétro baguette）」が評価されてきました。これもその一例ではないかと思います。

　フランス人と日本人の違いは、フランス人は食べ物に対し意外とシンプルで流行に追われないのに比べ、日本人は結構食べ物で遊んだり、次から次へと新しいものを追い続ける習性がある、ということではないかと思います。

　当時の、約30年前のドンク「DONQ」のパンフレットを、今でも大事に保存しております。

　何年か前にドンクの藤井幸男氏（当時社長）に、このパンフレットを大事にしている話をしたら、えらく感激してくださいました。

　そのパンフレットに載っているガトーは、今でもパリの一般のパティスリーやブーランジュリーに並んでいるものと比べて、遜色ありません（すごいですね）。

　現在の日本の若いパティシエや、消費者の思い浮かべるフランス菓子は、パリのごく少数の最先端、若手有名シェフのお菓子であり、それがフランス菓子であると勘違いしているのではないでしょうか？

　当時のドンクのその菓子は、今でも通用する立派な本格的なフランス菓子です。そういう見方で、エスプリの感じられる脈々としたものは、当時、ドンクのシェフをしていた、平井政次氏の代官山「シェ・リュイ Chez Lui」、青山の故ムッシュ・ルコント氏の「ルコント（LECONTE）」に初まり、更に現在フランスよりフランスらしい菓子を作る、尾山台の河田勝彦氏の「オー・ボン・ビュータン（Au Bon Vieux Temps）」や麹町の島田進氏の「パティシエ・シマ（Pâtissier Shima）」迄続くのだと思います。

　みんなそれぞれキャラクターは違いますが、古き良きフランス

の香りがします。

　青山ドンクでバゲットを買って、並びのスーパーマケットの「ユニオン（今はもうありません）」で食材を買い込むのが当時の一つの流行だったと思います。

　夜は、「ルコント」や「シェ・リュイ」で買った菓子を食べて、といった感じで、少年時代は食べ物に関して、なんてマセていた子供だったのか、と思います。

　その後、お菓子から、パンの世界に入ったわけですが、当時のバゲットはムッシュー・ビゴや、青山でビストロをやっている「シェ・ピエール」のピエール・プリジャンさん。ガトーは、今は故人となった巨匠ムッシュー・ルコント氏や「シェ・リュイ」の平井氏が作っていた物を食べていたのだと思うと、不思議な感じを覚えます。その後、この人たちにお世話になって、一人前になったのですから。人間の縁は不思議なものです。

　だから、これからは小さな子供たちに、もっとパン、いやパリッとしたフランスパンを食べてもらうことが、必要だと痛感しております。

　最近のお母さんたちは、あまり子供たちに硬いものを食べさせない傾向があります。

　あごの発達にもよくないし、頭の働きに影響があると思います。

　お母さんに連れられてお店に小さな子供たちが来たら、迷わずフランスパンの端っこでもいいから、かじらせる運動でもしようかと、本気で考えたりしています!!

　そうしたら、もっと、フランスパンを食べることが当たり前になるのではないでしょうか…？その上、私みたいなブーランジェが将来現れるのでは？とも思います…。（笑）

## フランスパンの上手な切り方　（人に教えたくないヒミツの知恵！）

　焼きたては柔らかく、上手に切れないし、潰してしまうので、冷めてから切ります。

皮が硬く、波刃のスライサーをあてても表面が滑りやすいので、クープ（切れ目）が開いた、焼き色の薄いざらざらしたところにナイフをあてましょう。

　パン屑が落ちるので、下にクロスなどを敷くと良いでしょう。

　切りにくいため、フランスでは専用の格子のスライスボードを使います。最後に残った、端の硬い部分は、縦に切りましょう。パリの安いビストロのマダムから教わりました。そうすれば、他の部分と同じように食べることが出来ます。

**切れ目**

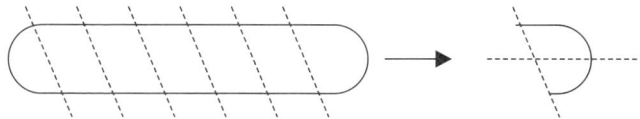

### 藤森流パンレシピ
## パン・トラディショネル（Pain traditionnel）

◎配合
フランスパン専用粉 … 1000g
インスタント・ドライ・イースト … 8g
塩 … 20g
モルト … 2g
ビタミンC … 1cc
水 … 680cc

◎ポイント
・あらかじめイーストは仕込み水の一部と混ぜしばらく置いておく（その時、溶かす水は少し温めておいたほうが良い。ほんの少し砂糖を溶かしておく→イーストの活性化）
・オートリーズ（ミキサーを止めておく）のメリット
（生地に柔軟性を与え、伸びを良くする。ボリュームが出て美味しくなる）

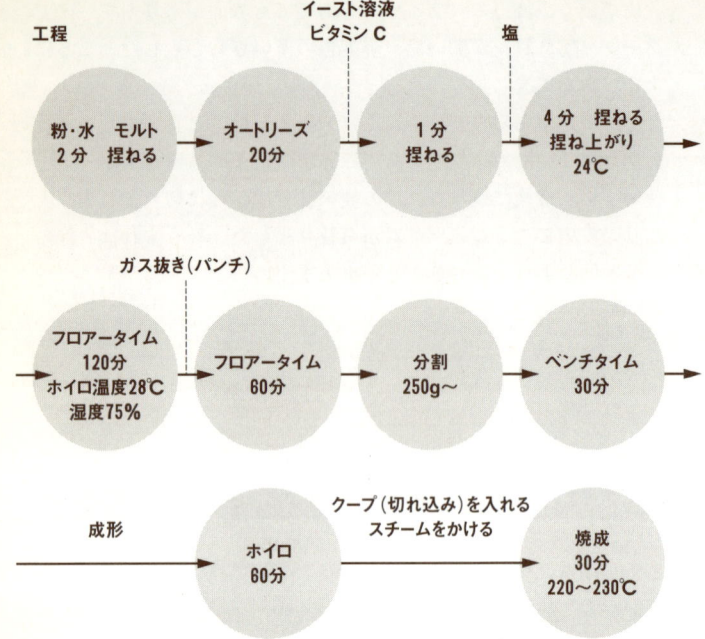

◎ポイント
・パンチは生地を傷めないように、三つ折りにする感覚
・分割は、軽くガスを抜き、なまこ型にする
・成形の際、軽くガスを抜き、手前3分の1を折り向こう側から3分の1折り重ね、更に2分の1のところで折り、締めながら成形して長くする
・ホイロで発酵させる際、布の上に置いて形を整える
・焼成の際、天板に移しかえ、クープ（切れ目）を入れる（家庭用オーブンの場合）
・スチーム（蒸気）を入れてからオーブンに入れる（熱々の熱湯を霧吹きに入れ、庫内に吹きかける）
・焼き上がりのポイントは、そこをたたいて軽く澄んだ音がした

らOK！
パチパチ拍手するような焼きたての音がしたら、「よく出来ました〜」

　最初にお話したように、フランスパンは日本における通称で、正確にはパン・トラディショネルと呼びます。
　粉、水、塩、イーストetc.の数少ない材料で作るため、よいパンを作るには、作り手の感性や発酵、焼成など、知識や技術によって大きく左右されます。
　日本におけるフランスパン文化は、1954年フランス国立製粉学校の教授だった、レイモン・カルベル先生の来日から始まったと言っても過言ではないでしょう。
　その後、ムッシュ・ビゴも20歳代前半の若さで先生と一緒に来日。
　そして「ドンク」に入社して、全国でフランスパンの指導にあたりました。
　その結果、全国の「ドンク」の店頭に本格的なフランスパンが出回ったのです。
　当時の社長だった藤井幸男氏のフランスパンに対する思い入れは大変なものでした。
　今でも「ドンク」は日本のフランスパン文化をリードし、パンのワールド・カップ（クープ・デュ・モンド・ド・ラ・ブーランジュリー）でもリーダー的存在で、優秀な技術者を輩出しております。
　この流れがなければ、日本におけるフランスパン文化はなかったのではないでしょうか？
　勿論、我々「ビゴの店」も「ドンク」に負けないぐらい、小さいながらも頑張っており、1999年のクープ・デュ・モンドでは、銀座のシェフ、細田実君がフランスパン部門の日本代表になり、世界3位になりました。
「これからもがんばって良いパン焼くぞ〜!!」

**クープの入れ方**

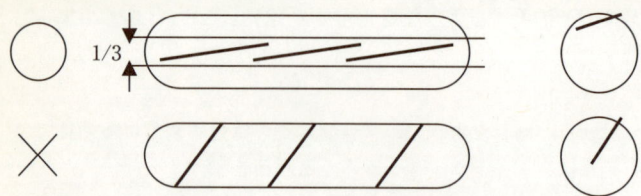

| 藤森流パンレシピ |
|---|
| レトロバゲット(Rétro Baguette) |

◎ポーリッシュ種（液種）
フランス産小麦 … 300g
インスタント・ドライ・イースト … 1g
水 … 300cc

・粉、水、イーストを加え、満遍無く良く混ぜる
・24〜25℃が種の理想（仕込み上がり温度）
・発酵時間180分（28℃くらいの所で）
・種の表面が、やや落ち始めてから使います

◎本捏ね
フランス産小麦 … 700g
インスタント・ドライ・イースト … 4g
塩 … 20g
モルトシロップ … 2g
水 … 360g

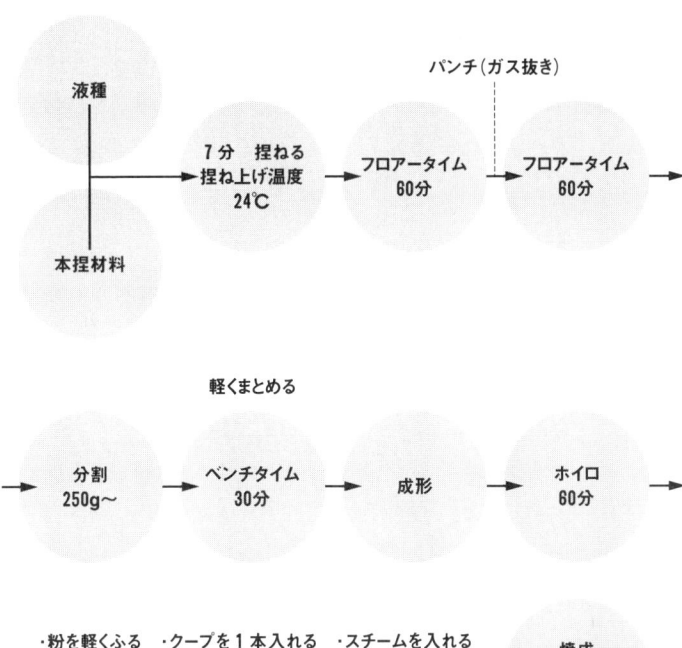

# フランスパン作りに役立つ、この言葉を覚えておこう！

◎作業用語

| 準備と計量 | préparation et passage d'ingrédients<br>（プレパラション・エ・パッサージ・ダングレディアン） |
| --- | --- |
| ふるう | tamiser（タミゼ） |
| 混ぜる | mélange（メランジュ） |
| 捏ねる | pétrissage（ペトリッサージュ） |

| | |
|---|---|
| フロアータイム | Pointage（ポアンタージュ） |
| パンチ（ガス抜き） | rabattement（ラバットモン） |
| 分割 | division（ディヴィジィオン） |
| 丸める | bouler（ブレー） |
| ベンチタイム | repos（ルポ） |
| 成形 | façonnage（ファッソナージュ） |
| ホイロ | apprêt（アプレ） |
| 焼成前仕上げ | mise au four（ミーゾフール） |
| 艶出し | dorer（ドレ） |
| クープ（切れ込み） | coupe（クープ） |
| 焼成　スチーム | cuisson buée（キュイソン・ブエ） |
| 窯伸び | poussée（プッセー） |
| 発酵生地 | pâte fermentée（パート・フェルモンテ） |

◎道具類

| | | | |
|---|---|---|---|
| 刷毛 | pinceau（パンソ） | ふるい | tamis（タミ） |
| 麺棒 | rouleau（ルーロ） | 小匙 | petite cuillère（プティト・クイエール） |
| ナイフ | couteau（クトー） | 皿 | l'assiette（ラシエット） |
| 手鍋 | casserole（カッスロール） | ボール | bol（ボル） |
| スパテラ | spatule（スパチュール） | ホイッパー | fouet（フエ） |
| スケッパー | corne（コルヌ） | 天板 | plaque à four（プラッカフール） |
| 冷ます網 | grille plate（グリーユ・プラット） | ブラシ | brosse（ブロッス） |

| | | | |
|---|---|---|---|
| 絞り出し袋 | douille<br>(ドゥイユ) | オーブンミトン | gant（ガン） |
| 秤（はかり） | balance<br>(バランス) | パン型 | moule<br>(ムール) |
| パン箱(発酵ボックス) | panétière<br>(パネティエール) | 釜だしヘラ | pelle（ペル） |
| はさみ | ciseaux<br>(シーゾー) | 冷蔵庫 | réfrigérateur<br>(レフリジェラトゥール) |
| 冷凍庫 | congélateur<br>(コンジェラトゥール) | ラック | étagère<br>(エタジェール) |
| ふきん | torchon<br>(トルション) | 温度計 | thermomètre<br>(テルモメートル) |
| 抜き型 | découpoir<br>(デクポワール) | スケール | règle<br>(レーグル) |

南西フランス・カルカッソンヌで、地方のパンのコンクールが開催され、審査員として招待された時、クープ・デュ・モンドの生みの親オーリヤック国立製パン学校校長でM.O.Fのクリスチャン・ヴァブレ氏と共に。

私の独立第1歩、鷺沼の店開店の朝

## ②
## 誰が言ったの?
## フランスの朝は、
## クロワッサンと
## カフェ・オ・レって…?

おそらく、大部分のフランス人は、朝クロワッサンを食べてはいないでしょう…。

　何故かって？

　クロワッサンは大体1.0〜1.2ユーロで、バゲットは１本、約1ユーロちょっとくらい。

　クロワッサンはバゲット１本より少し高いのです（大きさで比較したら、かなり高い）。

　だから、一般の人々の朝食には，一寸贅沢なのです。

　ましてや焼き立てを望むなら、朝ブーランジェ（パン屋）まで買いに行かねばなりません。前日に買っておいてもよいのですが、翌日温めたらあまり美味しくないことは、フランス人なら誰でも知っております。

　だから、普通の家庭では朝食にクロワッサンはまず有り得ませんし、第一、倹約家のフランス人は朝から贅沢はしません。

　もともと三日月形のクロワッサンは、マリー・アントワネットがオーストリアからフランスに嫁いできたときに、一緒に持ち込まれたと言われております。

　クロワッサンというのはフランス語の、クロワートル croître（増える、大きくなる）から由来し、これから大きくなる月、つまり三日月の意味らしいのです。

　このような菓子パンは一般的に、ヴィエノワズリーと呼びます。

　ヴィエノワズリー（Viennoiserie）「ウィーン風菓子パン」の意味で、クロワッサンの他に同じくバターたっぷりのブリオッシュなどがそれです。

　日本に比べて菓子パンっぽい物は、パン・オ・ショコラ、パン・オ・レザンなどと、種類は少ないようです。

　それから、「フランスだから美味しい」という保証は全くありません。スーパーの「カルフール」などで売られている袋詰めでデッカイ、マーガリンのクロワッサンは…？

　私が知っているフランス人の朝食の風景は、まあ飲み物はカフェ・オ・レか、テ・オ・レ（ミルク・ティー）、ショコラ（ココ

アみたいなもの）をカフェ・オ・レ・ボールと言われる小ぶりのドンブリに、なみなみついで飲みます。

ボールで飲むのは何故かって…？

これには訳があり、日本人ならお行儀が悪い、と言われるのですが、彼らはパンを浸して食べる習慣があるのです。だから、前日買った残りのバゲットは、半割にしてバターやジャムを塗ったTartine（タルティーヌ）という物にして、それを浸して食べるのです。

あるいはビスケットも有り得ます。

そういえば、ムッシュ・ビゴも、いつもそうやって食べています。

でも、都会の忙しそうなサラリーマンなどは、エスプレッソだけという人も多いです。

反対に、田舎に行ったりすると、フロマージュやジャンボン、フルーツ、ヨーグルトなども、出てきたりします。

結局、ツーリストとして、ホテルやパリのオシャレなカフェあたりで朝食をとる時に、カフェ・オ・レにクロワッサンなどのヴィエノワズリーに出会えるということではないでしょうか。

私の経験では、パリで宿泊するホテルはリーズナブルなところで我慢し、その代わり朝食は一流ホテルでゆっくりと…というのが最高の贅沢だと思います。

コンコルド広場に面するホテル・ド・クリヨン（HÔTEL DE CRILLON）の朝食は、クロワッサン、ブリオッシュ、マドレーヌ、ブラウニー、プティ・サンドイッチ、クグロフ、フルーツ etc. ウキウキする物ばかりです。ビュフェ形式だから、いくらでも…OK！

勇気を出して、行ってみる価値はあります。

もし、入り口でルーム・ナンバーを聞かれたらら、平然とした顔で、「とおりがかりの者です」（Ju suis le passager.）といえば良いでしょう。

「パリの朝は、カフェ・オ・レとクロワッサンてぇのは、ツーリ

南西フランスにあるピレネー山脈の近く「フェルム(農家風)」のレストランのキッチンのパン工房。「こんなキッチンの店を作ってみたいです…」

フランス・アルプス「アヌシー（Annecy）」の有名な三ツ星レストラン「マルク・ベラ」のパンのサービスのシャリオ（ワゴン）。

ムッシュー・ビゴのパパです。昔は厳格なブーランジェだったそうです。今はカワイイおじいちゃんです。移動販売のパンを買っているところ。

フランスの田舎のパン屋さんの石窯。見るからに優しい人柄が感じられるオーナー御夫婦「いかにもパン屋さん」という感じです。

記念すべき2000年、「新しい1000年の始まり」エッフェル塔はふしめふしめに粋なはからいをしてくれます。

かの有名な「ロマネ・コンティ」(ブルゴーニュ地方)のブドウ畑。収穫後の残ったブドウを「そ〜っと」穫り日本に持って帰ってルヴァン種に入れました。「ビゴのルヴァンはロマネコンティ!!」(ヒミツ!)

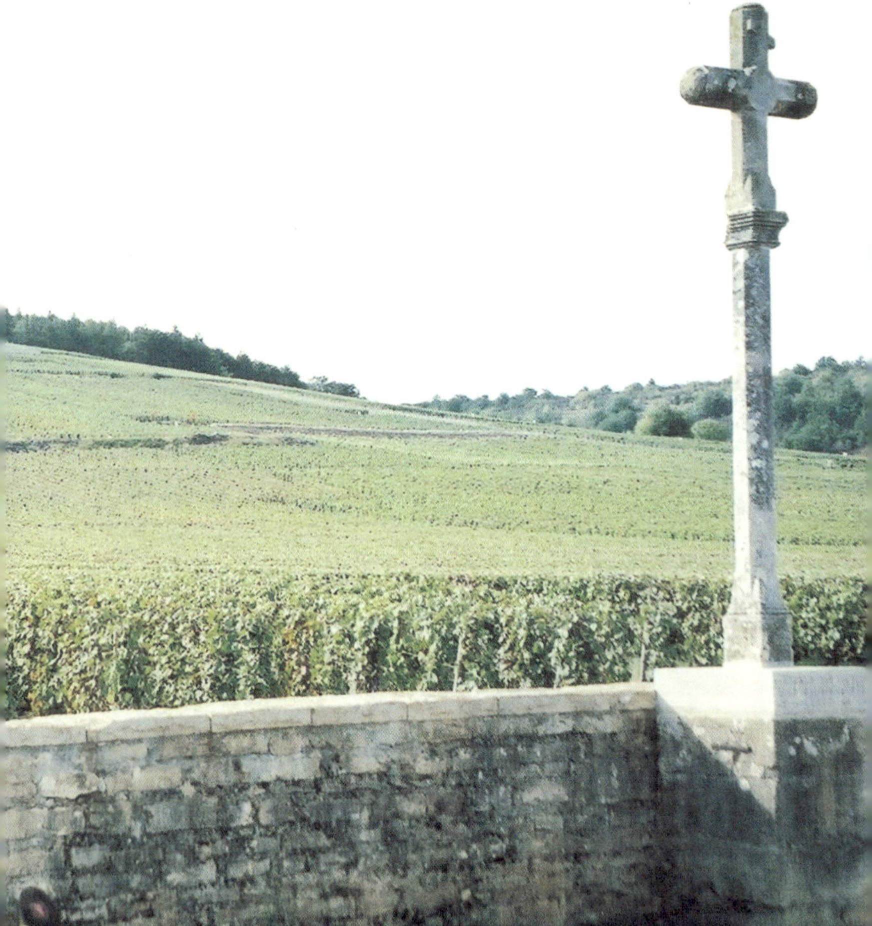

ブルターニュの世界遺産「モン・サン・ミッシェル（MONT. ST. MICHEL）
近辺に放牧されている仔羊（プレ・サレ）は最高の味です!!

ストかおのぼりさんである…?」が正解!

### 藤森流パンレシピ

# クロワッサン・オ・ブール・デシレ（Croissant au beurre d'échiré）

◎配合
フランス産小麦 … 1000g
砂糖 … 100g
塩 … 24g
モルト … 25g
インスタント・ドライ・イースト … 5g
全卵 … 1個
水 … 500cc
折込用・無塩エシレバター … 600g

・捏ねすぎて、生地にコシがつかないように（フロアータイムや冷蔵庫で休ませているうちに、グルテンが少しずつ繋がってきます）
・ポイントは休ませる時間はたっぷりと。生地がスムーズに伸びるまで

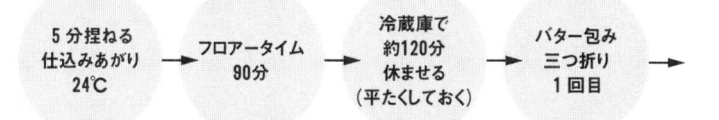

**工程**
　　（前日）

5分捏ねる 仕込みあがり 24℃ → フロアータイム 90分 → 冷蔵庫で約120分休ませる（平たくしておく） → バター包み 三つ折り 1回目 →

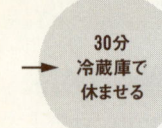

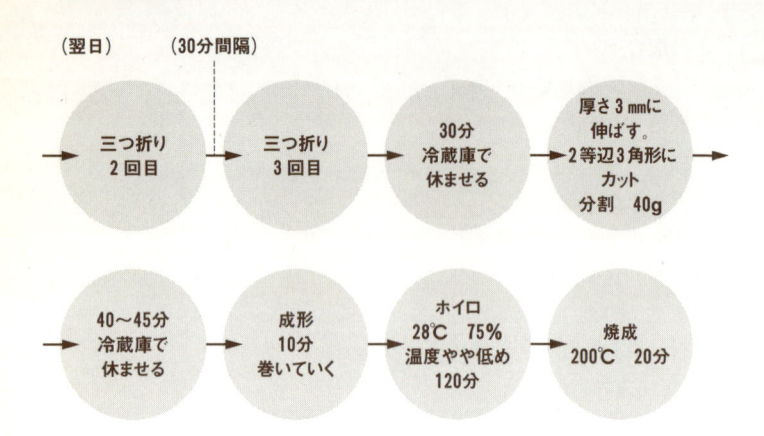

```
  ┌─────────┐
  │  30分   │
→ │ 冷蔵庫で │
  │ 休ませる │
  └─────────┘

(翌日)    (30分間隔)
   ┌─────┐   ┌─────┐   ┌─────┐   ┌─────────┐
   │三つ折り│   │三つ折り│   │ 30分 │   │厚さ3mmに│
→ │ 2回目 │→ │ 3回目 │→ │冷蔵庫で│→ │伸ばす。 │→
   │      │   │      │   │休ませる│   │2等辺3角形に│
   └─────┘   └─────┘   └─────┘   │カット   │
                                  │分割 40g│
                                  └─────────┘

   ┌─────────┐   ┌─────┐   ┌─────────┐   ┌─────────┐
   │40〜45分 │   │成形  │   │ホイロ   │   │焼成    │
→ │冷蔵庫で │→ │10分  │→ │28℃ 75%│→ │200℃ 20分│
   │休ませる │   │巻いていく│ │温度やや低め│  │         │
   └─────────┘   └─────┘   │ 120分   │   └─────────┘
                            └─────────┘
```

# 「エシレ(ÉCHIRÉ)のバターは最高!」

　フランスでNo.1バターだと思っております。

　だから、バターの輸入自由化になった時、世間は関税がまだ高い、と言って中々仕入れようとしませんでした。あのフランス人、ムッシュー・ビゴですら、二の足を踏んでいました。でも私は、むこうで研修当時から、エシレの美味しさを知っていましたから、すぐに仕入れて使いました。その功績が認められBIGOTでは他より安く販売しても良い、というメリットをゲットしました（関税特別処置店）。そんなわけで、フランス・エシレの総支配人ジャン・クロード・シャルティエとは、大の仲良しです。来日の際は、まず私に会いに来てくれます。目をつむっても、他のバターとエシレの違いは判ります…!

　P.-S.　今でもエシレのウェルカム・ノート（訪問者ノート）に私のサインの隣のページは故ミッテラン元大統領です。

# Bon Appétit！ NO.73 FEVRIER 1997

## BIGOTのスタッフによるフランス食紀行 Part 3
## No.4 ブルターニュ地方の先端に素晴しいレストラン発見！

愛称 **サンマロ**（St.Malo）の町から海岸線を西に向かって行くと**サーブル・ドール**（黄金の砂の意味）と訳す小さなリゾート町に着きました。名前の通り、金色をした砂浜が広がり、美しい風景です。シーズン・オフの秋頃だった為、ホテルもレストランも、ほとんど閉っており、唯一クレプリーく（クレープが食べられるレストラン兼カフェ）が、営業しているだけでした。ソバ粉を使ったクレープ（ガレットとも言います）が、このブルターニュ地方の名物料理です。パリでもブルターニュ地方からの列車が到着するモンパルナス駅付近にこの様なクレプリーが軒を並べております。さずめ "上野駅" と言った雰囲気です。

オードブルにこれもブルターニュ名物、**スープ・ド・ポワッソン**（海の草のスープ）とソバ粉のクレープションピニオン（キノコ）のソテー包みを注文しました。

そして来たらりんごのお酒シードルです。炭酸の入った軽い味で、ブルターニュ地方は冷涼な気候のため、ぶどうの栽培には向いておりませんが、りんごの栽培に適している為、カルヴァドスベンデーシードルの産地として有名です。100年物のカルヴァドスになるともう香り、味も素晴しいコクのあるソ力です。以前にご紹介した代官山のお菓子屋さん "シェ・リュイ" の平井社長は、大のカルヴァドス好きで、一緒にフランスへ行った時は、数十本も買っていらっしゃいました。**サーブル・ドール**を後に一路、海岸線を西に、ブルターニュ地方を斜めに縦断し、**カンペール**（Quimper）の町から10km位、海辺にある**ベンデ**（Benodet）と言う綺麗な海辺の港町へ向かいました。今夜はこの町にある**フェルム・ド・レティー**（Ferme de Letty）と言うブルターニュ地方で今、一番話題の一つ星レストランを予約してあります。とにかくゴーミョーの今年一番のシェフに選ばれたムッシュ ジャン・マリー・キャラボーとお父さん、お母さんでやっているファミリー的なレストランだそうです。楽しみです！

## ビゴのバレンタインセレクション

フランスでも日本でも美味しいと言われるケーキ屋さんが、使っているチョコレートのメーカーで**ヴァローナ**（VALRHONA）社と**ヴェイス**（WEISS）社があります。今まで日本ではバレンタインと言う名前だけで売れたら有名になって、味は二の次でミーハー的なブランド先行になっています。今年は、ちょっと人とは違って本物のお菓子屋さんが使っているチョコレートをプレゼントしてみませんか？プロが知らない味、ヴァローナの"ショコラ・ショー"と、ヴェイスの"ショコラ・ナポリタン"の組合せはビゴだからこそ出来るセレクションです。

- **ヴァローナ社** "ショコラ・ショー" 生チョコ ¥1,500
- **ヴェイス社** "ショコラ・ナポリタン" ¥1,400

**BIGOT 銀座店** プランタン銀座B1 03(3561)5205 2月の休業日 18(火)・19(水)・26(水)
**鵠沼店** 田園調布 鵠沼 044(856)7800 3(月)・10(月)・17(月)・24(月)

# ③ フランス人の昼食は長くてゆっくり過ぎる…

朝食が軽い分、フランス人にとってお昼は大切です。普通に時間があれば、一寸したフルコースに近いものにすることがあります。

　オードブルにメインの皿が続き、フロマージュかデセール、そして食後のコーヒーという具合。

　田舎の自宅で食べるなら、なお更です。1時間半から2時間が相場です。パリでは最近では少なくなりましたが、地方ではお昼に2時間ほど店を閉めるところが結構多いのです。

　初めてフランスに行ったときはびっくりでした。いかに日本人がよく働くか痛感しました。

　でも最近のパリのサラリーマンはカフェでクロック・ムッシューやサンドウィッチで簡単に終わる場合も少なくありません。

　シェフ藤森の20年間に渡るフランス紀行の経験から、フランス人（もしかしたらパリかも…？）の平均的昼食は、オードブルにヘルシーな生野菜のサラダ。メインに案外好きな人が多いステーク・フリット（一寸薄めのステーキに細長いフライドポテト）、そしてフロマージュ少々、デセールにクレーム・ブリュレかムース・オ・ショコラかクラフティー。最後にエスプレッソ一杯。

　このムニュ（Menu＝定食）あたりで10〜15ユーロ（1200〜1800円）ぐらいかと思います。

　プラス、ボジョレーあたりの軽い赤ワインを1本位あけることは、しばしば見受けられます。日本のように、ざるそば1杯とは、いきません。


◎ランチ向けのお勧めビストロ
・Au petit Riche（オー・プティ・リッシュ）
　25 rue Le péletier(9e)
　tel　01.47.70.68.68
　fax 01.48.24.10.79
　オペラ座の近くで、解りやすい場所です（外観はいかにもパリのビストロという感じ）。

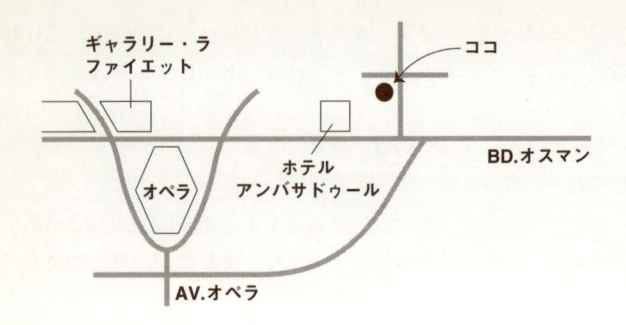

・Bistrot d'à côté（ビストロ・ダ・コテ）
10 rue Gustave Flaubert (17e)
tel 01.42.67.05.81
後の項でゆっくりご紹介します。
以前は向かいにムッシュ・ビゴの店があり、よく仕事が終わったら食べに行きました。
LE GUIDE ROUGE（ミシュラン）が創刊から揃って本棚に飾ってあります。

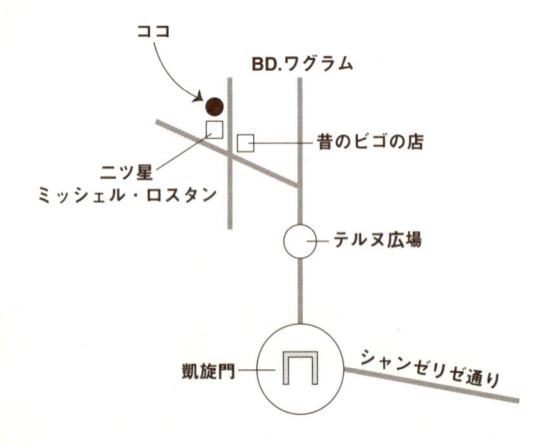

今ではすっかり有名になったパリ13区イタリー広場の「ル・グルニエ・ア・パン (Le Grenier à pain)」で。今でも若いのに優秀と尊敬しているシェフのダミアン・ギューと。彼の作ったバゲットは中々！パティシエでもある…

## ④ 意外や意外！
## フランスの夕食は
## ごくごく質素？

日本とフランスの夕食事情で、まず根本的に違うのは、会社が終わってからの付き合いというものが、フランスではほとんどない、ということです。

　あったとしても、ビール・リカール etc.本当にちょっと一杯カフェ・タバ（簡単な街角の飲み屋）で、家庭の食卓（だいたい8時から8時半ころ）までには帰宅します。

　だから残業にいたっては、普通のサラリーマンはほとんどしません。

　独身者もデートでもない限り、自宅で軽い物を作って食べて済ませます。

　それから、日本と比べて夕食の時間が遅いですね。大抵、PM 8：00～8：30頃から始まります。

　フランスの家庭の夕食は都会でも田舎でも意外に質素なのです。大方、野菜の具沢山スープか豆のスープがノーマルです。

　まあ、自分で作るにしろ、パリの共稼ぎの夫婦のように缶詰や冷凍のスープにしろ、簡単なのが良いのでしょう。一般的に夜のほうが昼食より軽めです。

　スープの後はサラダとフロマージュで十分です。とにかくスープは食べるものといったとらえ方です。

　夜は質素でヘルシー、良い習慣です。

　我々も、少し見習わなくてはいけません。私はパリ研修時代は三日連続イワシの缶詰という事がありました（笑）。

※　一寸高級ですが、オペラ座の裏のデパート、ギャラリー・ラファイエットの「ラファイエット・グルメ（LAFAYETTE GOURMET）」や、Rue de Sèvres（セーブル通り）のデパート「ル・ボン・マルシェ（LE BON MARCHÉ）の「ラ・グランド・エピスリー・ド・パリ（LA GRANDE ÉPICERIE DE PARIS）」で、高級食料品、惣菜をオシャレに買って、バゲットと組み合わせてください。

◎日本へのお土産にはこの2店はオススメ！
- LAFAYETTE GOURMET
  48. Bd Haussmann (9e)　Métro. Chaussée d'Antin
  日、祝、休み　9：00〜20：00
- LA GRANDE ÉPICERIE DE PARIS
  38. rue de Sèvres (7e)　Métro. Sèvres-Babylone
  8：30〜21：00

# Bon Appétit!

NO.75 MARS.1997

## BIGOTのスタッフによるフランス食紀行 part 3
### NO.6 フランス料理史上最高のレストラン フェルナン・ポワンのレストラン "ピラミッド" !!

車はレストラン"ピラミッド"のパーキングに止めました。中から黒服を着たスマートなギャルソンが出て来て我々のバゲージを運んでくれました。3階建てで2〜3階はホテルになっています。さっそく部屋に案内されました。センスの良い色合いで広々としたツインルームです。シャワーを浴びて1時間位休憩してから着替えて1階のロビーへ行きました。ロビーには、おしゃれでシックなBarがあり、中々の雰囲気です。メインダイニングに案内されて席に着きました。他にもう6組のお客があり、皆50歳位のムッシュにマダムでした。ちょっと緊張させる雰囲気です。私は過去フランスのミツ星レストラン19軒の内、半分以上とその他のフランス各地のレストランをかなり巡って来て、日本のフランス料理のシェフにも負けない位の経験をして来ましたが、今回はなぜかドキドキしています。原因は10年以上も前に料理の本に「フランス料理史上最高のレストラン、フェルナン・ポワンのレストラン "ピラミッド"」と書いてあったのを読んで以来の憧れがあったからでしょう。あのポール・ボギューズ、故フランシュ・ペルピエール・トロワグロ、ルイ・ウーチエなど現代フランス料理史上のグランシェフが若き日に修業をした店なのです。現在は、ミツ星レストランで、シェフでパトロンのパトリック・カレリが厨房で指揮をとっております。ワクワクしながらメニューを開けました。オーダーしたのはサラダ・カイユ（うずらのサラダ）とヴァベット・ステーキ　美味しかったですが、料理で特別驚きを感じさせるものは、ありませんでした。
デザートは、お坊っちゃん、スペシャリテのピア・ショコンです。見た目がかわいく、中々凝っていました。全部食べ終わってみて、ちょっとショコンがくどかった感じがありました。

・中はショコのオランジュ
表面はショコでコーティング
グラス・ショコ
バニラソース
ピタ・ショコ冷菓

時代が変わり、シェフが代わり描いていたものとちょっと違いはありませんでしたが、この店に訪れた感激は、特別なものがありました。インテリアは最高級を感じさせるものでした。
食後は、ロビーのBarに行って葉巻(シガー)を注文して吸っていました。記念にオリジナルタバコを買いました。一緒に同行した銀座店のパテシェのシェフは、夏期ベッドメイクのおばさんのワゴンからそっとタバコを盗んだそうです……!!

### ●イタリアのテーブルウオーター "サンペレグリノ" と "パンナ"
S. PELLEGRINO と PANNA
イタリアンレストランには、かかせないナチュラル・ミネラル・ウオーターです。"サンペレグリノ"は、天然炭酸水で、ミネラルが豊富です。お口の中をさっぱりさせ料理の味を引き立てます。"パンナ"は、マイルドでクセのないストレートなミネラル・ウオーターです。

| | | | |
|---|---|---|---|
| BIGOT 銀座店 | プランタン銀座B1 | 03(3561)5205 | 〈3月の休業日〉土曜日のみ |
| BIGOT 鵠沼店 | 田園都市鵠沼 | 044(866)7800 | 10日・17日・24日・31日 (月)(月)(月)(月) |

## ⑤ フロマージュ通になるとパンもワインも楽しくなります

『美味礼賛』の著者であり美食家として知られる作家ブリヤ＝サヴァランは、「チーズのない食事は、片目しかない美女のようなものだ」と言った…とあるように、フランスの食卓になくてはならないものの一つです。

町のビストロで簡単なMenu（ミュニュ＝定食）なら、フロマージュかデセールのどちらかを取るという場合が多いのですが、正式な食事はフロマージュに続いて、デセールの順でサービスされます。

普通は「プラトー・ド・フロマージュ（Plateau de fromage）＝チーズを盛り合わせたお盆」に乗っているか、一寸高級になると「シャリオ（Chariot）」と呼ばれるワゴンでサービスされます。

まず、必ずあるのが白カビの代表、知名度抜群のカマンベール（Camembert）。口当たりがよく食べやすいので誰からも愛される味です。北フランス、ノルマンディー地方のカマンベール村で生産されたことが始まりです。

現在では、伝統的な作り方をしている※A.O.C.から、大きな工場製から、数多く作られております。

※ A.O.C.とは、「Appellation d'Origine Controlée "原産地統制名称"」の略称。フランスで、国が認定する制度の一つで、原産地や素材、産出地や地区などを限定し、定められた方法や時間等に則って出来上がった製品である事を保証する制度の事

同じく白カビで、カマンベールよりソフトで繊細な味わいのブリー（Brie）は、パリのフロマージュリー（チーズ屋）では一年を通じて人気があります。特にパリ近郊、モー（Meaux）で作られる「ブリー・ド・モー（Le Brie de Meaux）」は生粋のパリジャン好みのエレガントな味で、引っ張りだこです。直径36センチの円盤状で2.5〜3kgくらいあります。最高に熟成したものは「チーズの王様」と言われております。

私の個人的な好みをいうと、ボルドーのしっかりした赤にバゲ

ット、バタール etc.のシンプルなパン・トラディショネルか、バゲット・アランシェンヌがお薦めです。

次にお薦めしたいのは、ウォッシュ・タイプと呼ばれる、熟成中にワインやマールなどの酒や塩水で回りに付着するカビを洗い、表面をしっかり湿らせたものです。オレンジ色をした皮で覆われ、熟成が進むと強い香りと味になります。

その中でも一番親しみやすいのは、ノルマンディーのポン・レヴェック村産のポン＝レヴェック（Pont-l'Evêque）です。四角形でコクのある風味で、どんな赤ワインとでも相性がいいです。

ムッシュー・ビゴは、7〜8歳の時、この村に程近いサン・ピエール・シュー・ディーブ（Saint-Pierre-sur-Dive）という村で過ごしていたため、作り方から良く知っています。

このころは、こればっかり食べていたそうです。

近くに、ミュゼ・ド・フロマージュ（Musée de fromage）チーズの博物館もあり、作り方から食べ方まで詳しく説明してくれます。

もう、何年も前に、ポン・レヴェック村のチーズ作りの名人、今は亡きムッシュー・ツゼの元で2日間、研修したことがあります。私の好きなフロマージュの一つです。思い出も…

しっかりした味なので、パン・ド・カンパーニュや天然酵母のパン・オ・ルヴァンと食べると美味しいです。

その他にリヴァロ（Livarot）も同じようなタイプの風味と生い立ちです。

青カビはピリッとした刺激的な風味と、脂肪分が高い、こってりした舌触りが特徴です。

なんといってもロックフォール（Roquefort）。フランス中央山岳地帯の南にある石灰質の高原地帯にあるロックフォール村の洞窟で作られるそうです。

この様な塩味がしっかりしたチーズにはお薦めのパンがあります。

約15年前、フランス、リヨンの南、ヴァランス（Valence）に

ある当時三ツ星だったレストラン「ピック（Pic）」に食事に行ったとき、最後に出てきたロックフォール・パピヨンに添えられていた、黒パンに胡桃とレーズンが入ったパンを一緒に食べてびっくり！美味しさの感激のあまりうなりました。

そこで翌日の朝、パン作りを見せてもらいました。作り方は別に驚くことはありませんでしたが、黒パンの粉（セーグル粉）と胡桃（ローストしたもの）レーズンのハーモニーが抜群で、それにロックフォールの塩気が加わり、病み付きになりました。フランス語「Très bon mariage＝トレ・ボン・マリアージュ」（素晴らしい相性）という言葉がぴったりでした。

ワインは、ソーテルヌやヴヴレイなどの白の甘口も美味しいですが、切れ味の良いブルゴーニュ(赤)も良いでしょう。

日本人は一寸苦手ですが、癖になると止められないのがシェーブル（ヤギのチーズ）です。

フランス各地で生産されるため、形も見た目もバラエティーに富んでいます。

その中で一つだけ上げるとしたら、サント・モール・ド・トゥーレーヌ（Sainte-Maure-de-Touraine）です。

表面は灰をまぶしてあり、真ん中に一本わらが通してあります。これらは風味を中和させたり、あるいは壊れにくくするために施してあります。

熟成が若いころは酸味のきいたヨーグルト風味で、進むとヘーゼル・ナッツっぽい風味になります。

このチーズは胡桃との相性がよく、くるみ入りのパン・ド・カンパーニュと軽い赤ワインがお薦めです。

ドライフルーツのフィグ（イチヂク）、アプリコット（杏）なども、相性が良いと思います。

◎M. FUJIMORI お勧めのパリのフロマージュリー

パリにはいっぱいフロマージュリーがありますが、アクセスや、サービスなど、いろいろ考慮すると…

Quatre Homme（キャトル・オム本店）
62 rue de Sèvres 75007
tel 01.47.34.33.45　　　fax 01.43.06.06.96
Métro, Vaneau

○私のフロマージュの先生は、東京フェルミエ（フロマージュリエ）の社長、本間るみ子さんです。彼女から、フロマージュのことをいっぱい教わってきました。
〒105-0002　東京都港区愛宕1-5-3　愛宕ASビル
tel　03(5776)7722　　　fax 03(5776)7723
○フランスチーズ鑑評騎士（タスト・フロマージュ・シュヴァリエ）はフロマージュ（チーズ）を扱っている人達にとって大変名誉あるフランスからの称号です。私も必死にフロマージュを勉強してこの名誉ある称号をゲットしました。当時はパン屋ではとても受賞は無理だった頃です…。

ムッシュー・ビゴとルクセンブルグの町でフランスパンのサンドイッチを買い半分ずつ分け合って食べてる光景！今日の昼食はこれで C'est fini！(終わり)

# ⑥ ムッシュー・ビゴの真髄

# パート・ブリオッシュ（Pâte Brioches）

　ブリオッシュの生地を仕込む時のムッシュー・ビゴの目は真剣です。決してミキサーから離れません。生地の一寸した変化も見逃さず、仕込みの水は我々より多く入れます。低速でゆっくりゆっくりです。

　ただでさえ柔らかい生地なのですが、ムッシューの生地は更に上を行く柔らかさです。

　それでいて、仕込みあがった生地は張りと艶があります。

　仕込みあがった生地の両端を広げて持ち、三角形にたらしてみると薄く透けて見えるくらい弾力のある良い生地になります。

　そのパート（Pâte）を一晩冷蔵庫で冷やしてから使います。そうしないと柔らかすぎて生地が締まらないのです。

　翌日発酵させて焼くと、信じられない程オーブンの中で伸びます。

　つまりゴム風船と同じです。

　硬いゴム風船は一生懸命吹いても膨らみませんが、柔らかく伸縮性のあるゴムは軽く吹いただけでプーッと膨らみます。同じ原理だと思います。

　柔らかくて伸びのあるバターたっぷりの豊かな香りと、サックリと柔らかく溶けるような口当たりのリッチなブリオッシュは用途が広く、甘みを抑えた食事向きのものは、フォアグラやソーシーソン（ソーセージ、太くて主に火を通さずに食べる）などとの相性が良く、また、甘みのあるものはお菓子などに姿を変えることも出来ます。

　オーソドックスなのが「ブリオッシュ・ア・テット（Brioche à tête）」、日本ではお馴染みの胴体に小さな丸い頭があるブリオッシュです。

　その他、フランスには、各地方に特有のブリオッシュがあります。

　「ブリオッシュ・ヴァンデーヌ（Brioche Vendéenne）」は大西

洋岸のヴァンデーヌ地方の軽い食感の編みパン。この地方の街道筋には「ブリオッシュ・ヴァンデーヌあります」と書かれた看板が多く目立ちます。可愛いブリオッシュのマンガ風の看板が見られます。

　アルザス地方なら、レーズンの入った「クグロフ（Kougelhopf）」、また、南仏ならドライフルーツが沢山入った「クローヌ（couronne）＝王冠」の形をしたものなどがあります。「クローヌ」や「ガトー・デ・ロワ」、また、同じように輪や人形の形をした、リヨン南部の「ポーニュ・ド・ロマン（Pogne de Romans）」、フランスには地方ごとに様々なブリオッシュがあります。

#### 藤森流パンレシピ
## ブリオッシュ・シャランテーズ（Brioche Charentaise）

　ビゴの店のスペシャリテです。

　丸めたブリオッシュを焼く前に、シャラント地方の「エシレ ÉCHIRÉ」バターと少量のグラニュー糖を乗せて焼きます。たっぷりバターのリッチなパンです。ミルク・ティーやカフェ・オ・レに浸しながら食べてほしいですね。

### Brioche Charentaise　ブリオッシュ・シャランテーズ
◎配合
フランスパン専用粉 … 700g
強力粉 … 300g
砂糖 … 120g
塩 … 24g
全卵（Mサイズ）… 10個分
牛乳 … 250cc
発酵バター（フランス・エシレバター）… 400g
生イースト … 24g

## 工程

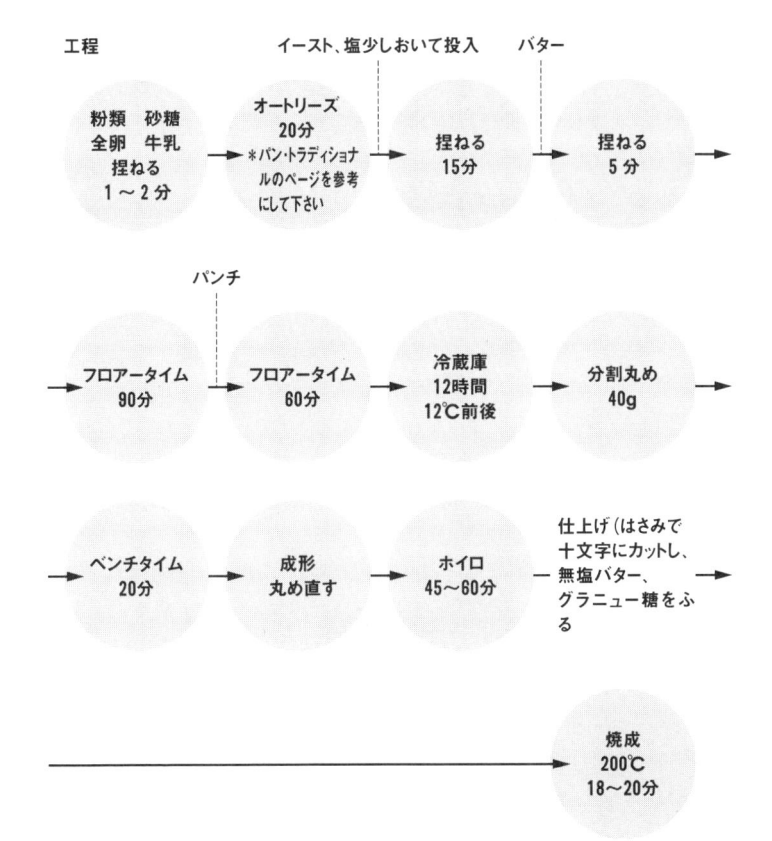

粉類　砂糖　全卵　牛乳　捏ねる　1〜2分
→ オートリーズ 20分（イースト、塩少しおいて投入）*パン・トラディショナルのページを参考にして下さい
→ 捏ねる 15分
→ 捏ねる 5分（バター）
→ フロアータイム 90分
→ フロアータイム 60分（パンチ）
→ 冷蔵庫 12時間 12℃前後
→ 分割丸め 40g
→ ベンチタイム 20分
→ 成形 丸め直す
→ ホイロ 45〜60分
→ 仕上げ（はさみで十文字にカットし、無塩バター、グラニュー糖をふる）
→ 焼成 200℃ 18〜20分

◎FUJIMORI風ブリオッシュの食べ方のバリエ

・ナンテール…トーストして、リエットやフォアグラ等と、料理用に使ってください。ガトーのニタベイユにも使えます
・ヴァンデーズ…軽い食感・ミルクティーなどに浸して食べては？ハチミツとの相性もグー！
・クグロフ…砂糖なしで軽く泡立てた生クリームと一緒に…
・ア・テット…コンフィチュールをつけて、まずは頭から…「ガブっ」と!!

・フィユテ…サクサクです。贅沢なフィユテ（パイ）みたいです
・パン・オ・レザン…フランスで子供がパン屋さんにお遣いをすると、決まってお駄賃はパン・オ・レザン…？

**Kougelhof Alsacienne（クグロフ・アルザシエンヌ）**
◎配合
（中種）
強力粉 … 240g
インスタント・ドライ・イースト … 2g
牛乳 … 150cc

手捏ねで全ての材料を約5分間混ぜる。仕込みあがり24℃
30℃、75％のところで3時間発酵。

◎本捏ね
強力粉 … 760g
インスタント・ドライ・イースト … 12g
バター（無塩） … 350g
牛乳 … 150cc
全卵 … 5個
砂糖 … 220g
塩 … 20g
ドライフルーツ etc,
　┌ ラム酒付けレーズン … 300g
　│ オレンジピール … 100g
　│ アーモンド（ホール） … 50g
　│ オレンジフラワーウォーター … 40cc
　└ アーモンド（ホール）型詰め用 … 適宜

バター、ドライフルーツ以外の材料を中種と一緒に捏ねる。
15分くらいしたらバターを加えて10分捏ね、きれいに混ざった

らドライフルーツを入れる。全てがきれいに混ざればOK！

**工程**

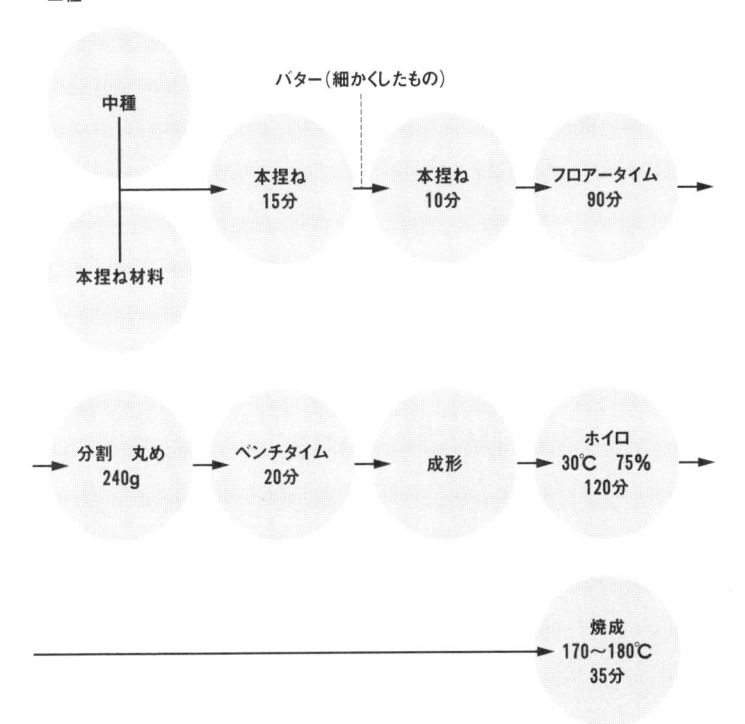

中種 ＋ 本捏ね材料 → 本捏ね 15分 →（バター（細かくしたもの））→ 本捏ね 10分 → フロアータイム 90分 →

→ 分割 丸め 240g → ベンチタイム 20分 → 成形 → ホイロ 30℃ 75% 120分 →

→ 焼成 170〜180℃ 35分

◎ポイント
1．成形は、丸めたものを平たくし、真ん中に穴を開ける
2．あらかじめ、アーモンド・ホールの型詰め用を、水に浸けておく
3．型にはバターなどの油脂を塗っておく。底に、水に浸けたアーモンドを並べる
4．1の成形した生地を、型に入れる
5．熱いうちに酒（GIN）をかける

## ⑦ ビゴの「ルヴァン伝説」を知ってますか?

# 初めてルヴァンに出会った日…?

　今ではどこのパン屋さんの店頭でも「天然酵母パン」と書いてありますが、少なくとも私がブーランジェになったころ、そんなパンを焼いているパン屋は東京にもほとんどなかったと思います(決してそんなに昔ではありません…)。

　富ヶ谷の甲田さんの「ルヴァン(Levain)」もまだなかったし、第一、あの黒々とした茶色で硬い酸味のあるハードなパンが、そのころの人たちに受け入れられるはずがありませんでした。

　バゲットだってようやく青山ドンクのおかげで全国に普及していったころで、パンニュース社の「B&C」という雑誌では、「夕食にパン」と題して、そのための料理、メニューを熱心に提案していた時代です。

　しかし、ビゴの芦屋本店では、東京「パンテコ」社長の松岡さん、滋賀「ル・シェル」の鷲田さんなどetc.すでに数人の先輩たちがルヴァン種の製造を日夜繰り返しておりました。

　このころのビゴの店は、今以上に熱心なメンバーが多く、パティシエは14時間以上に渡る日常の仕事のノルマが終わっても、あめ細工や絞りの練習をしており、すぐに帰るスタッフは一人も、おりませんでした。

　ブーランジェもご多分に漏れず、「どうしたら美味しい種が出来るか?」などと、仕事が終わってからも、工夫の連続でした。

　このころの「エスプリ(ESPRIT)」は、ムッシュー・ビゴから湧き上がってくるものだけではなく、ライバル意識から来る、何かものすごいものがありました。今でも、良い時代に修業したと思っています。今の子と目の輝きが違いました。

　現在、東京で3軒のブティックを切り盛りしておりますが、そのころのイメージが私の理想で、すなわち、「エスプリ・ド・ビゴ(Esprit de BIGOT)」です。

　そんなある日、休みで芦屋から帰京していた時、日本橋高島屋の地下に「パリ・マルシェ(Paris Marché)」というコーナーが

あると聞きました。フランスからの輸入食材のコーナーで、キャビア、トリュフ、フォアグラ、リエット、エスカルゴなどが売られていました。

そしてオープンの冷蔵庫の中に、パリの「ポワラーヌ（Poilâne）」のミッシュ（大きな丸いパン・オ・ルヴァン）が紙袋に包まれてありました。

後日パリに行った時、プライスを調べたら、4～5倍もしていましたが、日本にいながら「ポワラーヌ」のミッシュが食べられるのですから、しかたがありません。今でもあの最初の香りと味は忘れられません。なんとも言えない、まろやかな酸味、まだまだ日本のパン屋さんのルヴァンはかなわないな…と思う時があります。

パンのほうから生ハムや、フロマージュを指名してきそうな…そんな勘違いをするくらい、何かと一緒に食べたくなります。

この味と香り。どうやったら、コンスタントに出すことができるのだろうか…？

その日から新たな目標が出来ました。

今でも、パリに行くと必ず買ってきます。

最近の日本のパンマニアは（特に女性に多いそうですが）パンを買わずに、麻のパン袋や、ミッシュを型取ったクッションをよく買うそうで、不慮の事故で最近亡くなった、リオネル氏が生前驚いていたのを思い出しました。

日本のパン好きな女性へ→「ポワラーヌ」は、キッチン・グッズ屋ではありません！それから日本のパン屋さんへ「ポワラーヌ」の店の前で記念撮影だけで帰るのはヤメましょう！買って食べて下さい。

## 天然酵母のパンとは…？

古代の昔から、ブドウ汁やライ麦粉から、酵母を起すことは良く知られておりました。

その菌は自然界のいたることころに存在し、他にジャガイモ、

サツマイモ、りんご、とうもろこしetc.からも種を起すことが出来ます。（日本なら"お米＝酒種"）

このようにして作るパンは、乳酸菌のおかげで日持ちがよく、また、リフレッシュの具合で酸味を調整できるので、お店独自の風味を出すことが出来ます。

しかしながら、イーストのパンと比べ、発酵能力が弱い分、内層はややつまり気味になり、どっしりとしたパンが出来ます。

# ルヴァン種の作り方

① 熱湯で殺菌した口の広い瓶に、水300ccと砂糖75gを入れて溶かす。ソヴァージュ（野生のものの方が良い）の干しブドウを150gいれラップで覆う。針で2,3ヶ所小さな空気穴を開け暖かいところ（28℃くらい）に5日間置いておく（2〜3日たつと、干しブドウが水を吸って、白っぽくなってくる）

② 綺麗な布巾で、水を十分吸った干しブドウを包み、ぎゅーっと水（エキス）を搾り取る

③ ボウルに②の絞り液100ccに対し、フランスパン専用粉155gを加え、10分ほど捏ねる

④ ③の仕上がり重量を100として、フランスパン専用粉を同量の100と水50の割合で加えて10分捏ね、24時間発酵させる。捏ね上げ温度24℃（ホイロ、27℃、75%）

⑤ 更に④の生地1,100に対して、同量のフランスパン専用粉と水50、塩1の割合で10分捏ねて、24時間発酵させる。捏ね上げ24℃（ホイロ、27℃、75%）

⑥ ⑤の工程を2〜3回繰り返した後、⑤の生地50に対し、フランスパン専用粉100、水48、塩を加えて10分捏ね、22度で24時間発酵させたものを、親種とする

◎FUJIMORIのひとり言

ルヴァン（天然酵母）のパンは種を自分で作って育てることに価値があります。市販の酵母種を買ってまでやるなら「ブーラン

ジェとして失格！」（言い過ぎかな？マァいいや！）

> **藤森流パンレシピ**
> # パン・オ・ルヴァン（Pain au levain）

◎配合

フランスパン専用粉 … 1000g

全粒粉 … 125g

ライ麦粉（細挽）… 125g

ルヴァン種（上記の親種）… 500g

塩 … 30g

モルト … 8g

ビタミンC … 2cc

水 … 825cc

**工程**

粉類 モルト 水を 5分捏ねる → オートリーズ 40分 → ルヴァン種 塩を入れ 5分捏ねる → フロアータイム 3時間 →

→ 分割丸め 350g → ベンチタイム 60分 → 成形 丸型 丸め直す → ホイロ 90分〜 （発酵力による）→

右上図のようにクープをいれる → 焼成 230℃60分

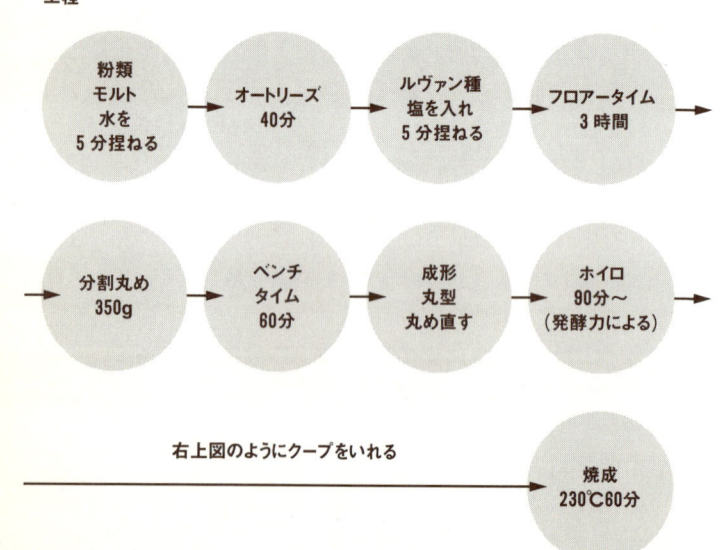

**クープの入れ方**

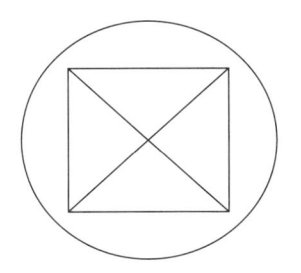

◎ポイント
・オートリーズ後のルヴァン種を混ぜる時は、小さくちぎって混ぜる
・発酵かごには、あらかじめ薄く粉をふっておく
・上記の様にクープを入れるのは、均一に膨らませるため
・ルヴァン種を使ってパンを焼くのですが、上記に説明したように、毎日何日もかけて一から種を作らなくてもすむ様に、種の一部を取り分けて、倍量の小麦粉と適量の水を足してリフレッシュさせる。種を翌日使うのであれば、ビニール袋にゆったり包んで置くくらいで良いのだが、4〜5日使わないのなら、布でしっかり包んで紐で縛っておく。3日もすればパンパンに膨れて石のように硬くなる

◎リフレッシュ
・ルヴァン種をいつも元気な状態に保つため、毎日、小麦粉と水を足して4〜5分捏ねる
・それから、常温で4時間発酵させる
PS. フランスで研修している時、「ボケ〜ッと」している奴を「ムッシュー・ラ・フラッシュ（リ・フレッシュ）」と呼んでました。

## ⑧ 「いや〜ァ、作るのが、難しい!」の一言

天然酵母で作るこのパンは、イタリアではパン・ドーロと呼ばれております。

　桜新町のブロート・ハイムの明石さんとイタリアのヴェローナに行った時、(えっ?サッカー見物ですかって?違います)シェークスピアの生家の下にある「ラ・カーサ・ジュリエッタ (La Casa di Giulietta)」というカフェで食べました。

　乳酸発酵の香りと、卵黄、バターの風味が合い混ざった、何とも言えない美味しさでした。

　発酵から焼き上げるまで、2日間かかります。その日の種のコンディションはもちろん、湿度、温度で全く変わります。生地も、柔らかすぎて触れないくらいの硬さです。

　生き物みたいでとっても難しいパンの一つです。

　ポイントは、生地が柔らかいためどうしてもオーバーミキシングになり、表面が割れてしまいます。腹八分目のミキシング、という感じです。

### 藤森流パンレシピ
## パン・ドール (Pain d'or)

◎配合
(中種＝前日種)
フランスパン専用粉 … 196g
強力粉 … 84g
砂糖 … 84g
ルヴァン種 … 84g
水 … 140cc
無塩バター … 84g

◎工程
① バター以外の材料を、べたべたしなくなるぐらいまで捏ねる
② バターを少しずつ混ぜていき、生地離れが良くなるまで捏ね

る。手捏ねで20分位
③ 仕上がり温度23℃
④ 発酵：冷蔵庫（10℃）なら、12時間位。常温なら、5〜6時間位

◎本捏ね配合
フランスパン専用粉 … 100g ⎤
強力粉 … 40g ⎥
砂糖 … 92g ⎥ A
塩 … 4g ⎥
卵黄 … 140g ⎦
無塩バター … 140g

◎工程（ミキサー使用）
① Aの材料と、卵黄1/3を加え捏ねる
② 丁寧に混ぜながら、卵黄を少しずつ加えていく
③ 捏ね時間は25〜30分くらい。仕上がり24℃くらいがよい
④ フロアータイム：2.5時間
⑤ 分割80g→丸める（このとき、手粉の変わりにオリーブ・オイルが便利）
⑥ 内側にオリーブ・オイルを塗った型に入れる（2時間〜2時間30分）
⑦ 型のふちまで生地が盛り上がってきたら焼成
⑧ 上面の塗り卵は2度塗る
⑨ オーブンの温度は180度。ただし下火は強めで、上火は消しても大丈夫

アルザスの観光客に一番人気があるクグロフの飾り用ムール（型）。欲しいでしょう？

アルザス「ワイン街道」の小さな村リクヴィーユのパン屋の店頭。クグロフ、ブレッツェル etc. スペシャリテがいっぱい。

アルザスのストラスブールに近いクグロフ工房の村スフレンハイムにあるお店の中、どれも欲しいものばかり。

「ここには本物のアルチザン（手造り）クグロフあります」の看板、ハート型のパンデピス etc. 全てがアルザスです。

アルザス地方のコルマールの近く、フランスで一番有名で美味しいコンフィチュール造りのクリスティーヌ・フェルヴェールさんと。とってもチャーミングなマダムです。真ん中は料理研究家(アミューズクラブ)の木村伸子先生。

アルザスのイルローゼンにある三つ星レストラン「オーベルジュ・ド・リル（Auberge de l'Ill）」でアルザスのパン屋さん達と共に〜。

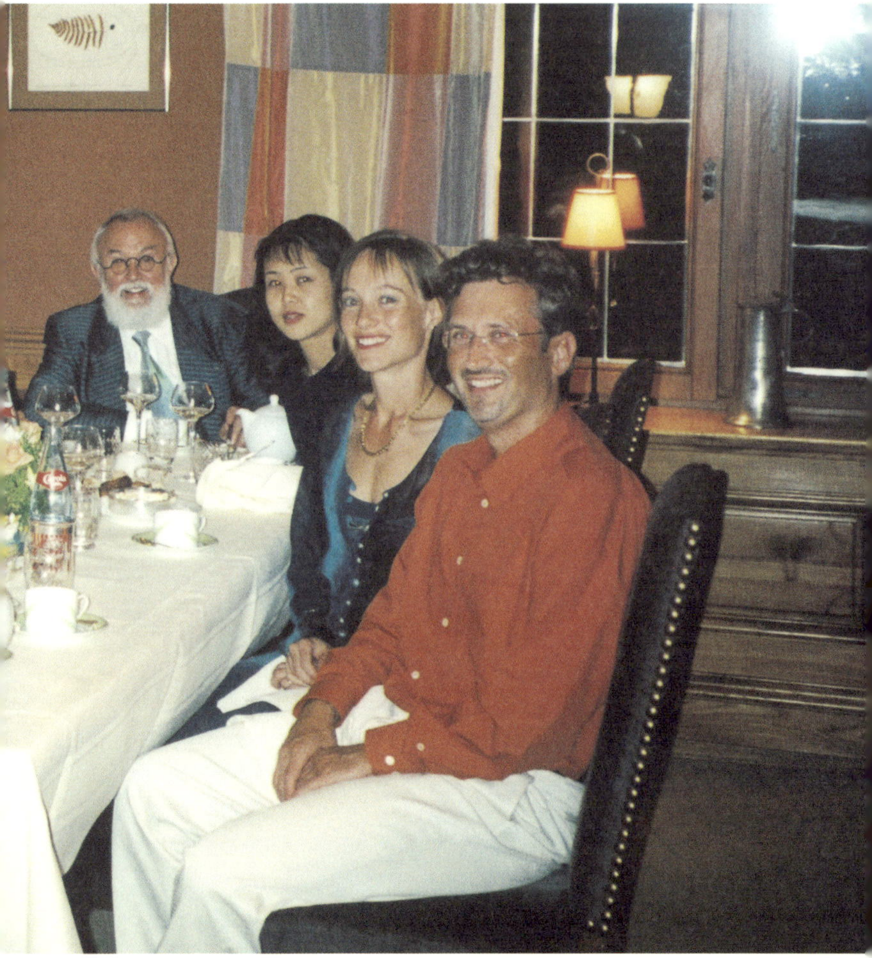

アルザスのパン業界の「ドン」親子二代に渡る M.O.F ジョゼフ・ドルフェールさんと息子のリシャールさんと彼の店の前で。

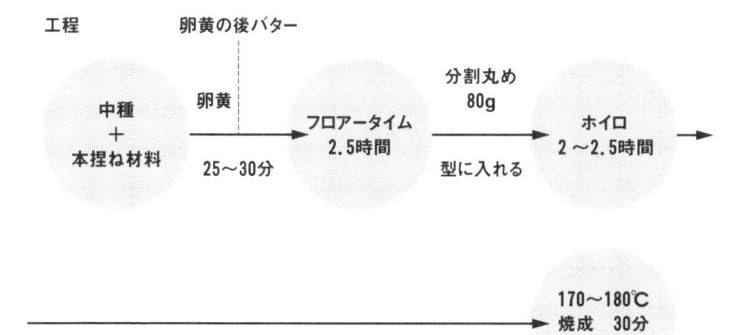

工程

```
中種           卵黄        フロアータイム    分割丸め      ホイロ
 ＋    ──────────→    2.5時間    ──────────→   2～2.5時間   →
本捏ね材料   25～30分                  80g
         卵黄の後バター              型に入れる
```

```
                                      170～180℃
   ──────────────────────────────→   焼成  30分
                                      下火は強め
```

◎ポイント
・このパンは、仕込が大変難しく、上手に焼きあがったときは、「ホッ」と胸をなでおろすくらいです
・でも私の元で若いブーランジェール（女の子のパン屋さん）で、とっても上手に作る子がいます。その子の名に因んで、鷺沼店では、プライスカードに「パン・ドール（キク・ドール）」と命名しました（笑）
・一度コツを覚えれば、楽しくなるパンです
・「卵ごっち」感覚です!!
・パンドール専用の型を使う事をおすすめ致します

## ⑨ フランスのパンにも温故知新がありそう…?

「温故知新。古きを尋ね新しきを知る」という言葉をご存知ですか？

ここ数年のフランス、正確に言うとミッテラン政権以来、週休2日、週35時間労働が奨められ、パン屋さんにとって（厳密に言うとオーナーシェフにとって）美味しいパン作りとは少し反対方向にいってしまった感があります。

そりゃあそうでしょう。

1日7時間で、何百本ものバゲットを焼くのですから、どこかに無理が出てきます。

2002年に「Coupe de Monde de la Boulangerie（パンのワールドカップ）」で我々日本チームが優勝できたのも、フランスが今風の短時間製法で、形だけでも（見た目も含む）良くしようとしたのに対して、我が日本チームは、一昔前のしっかり発酵をとる、正統な製法で勝負したからです。

審査員も食べれば一目瞭然です。改めてパンは発酵が大事であると痛感しました。

最近の日本のブーランジュリーは、フランス産の小麦粉を使うだけでは飽き足らず、いろいろブレンドしてみたり、製法も工夫したりして、出来るだけ皮はパリッと薄く、そして気泡は大小不揃いで、小麦粉の持っている風味、香りを充分にかもし出そうと努力し始めています。実に頼もしいことです。

でもフランスはやはり本場。日本以上にそれを研究して、昔風のパンを再現しようとする店も増えてきました。

これから紹介する「パン・ド・ロデブ（Pain de Lodeve）」、[リュスティック（Rustique）]は、通好みのパンといっても過言ではありません。

気泡が大小不規則に荒く、カットした断面を見ただけでも、食欲がそそられます。

上手に出来上がって、冷ましてからカットして大小不均一の大きな内相を見るとウキウキします。

**藤森流パンレシピ**

## パン・ド・ロデブ（Pain de Lodeve）

◎配合
フランスパン専用粉 … 700g
強力粉 … 300g
インスタント・ドライ・イースト … 2g
塩 … 25g
モルト … 2g
水 … 860cc
ルヴァン種 … 300g

◎ポイント
・仕込みの際、最初に3/4の水をいれ、後少しずつ足していく。分割の形が成形になる（布に粉をふりのせる）ので、分割で何回も生地を足さない事

**工程**

本捏ね 25分 捏ね上げ温度 24℃ → フロアータイム 60分 → パンチ → フロアータイム 60分 →

→ パンチ → フロアータイム 45分 → 分割 成形 450g そのままの形で → ホイロ 50分 →

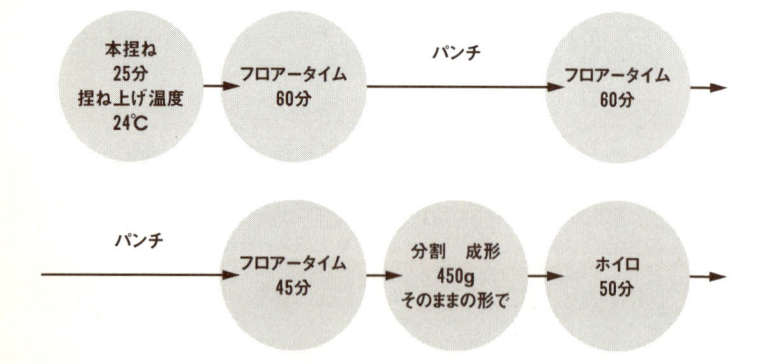

> スチームは前に入れる
> 焼成　260℃　（高温で）
> しばらくしてから火をおとす
> 40分

　今日、単なるルヴァン種を使ったパンでは飽き足らなくなり、リュスティックのような荒い内相を欲しがるようになってきています。

　これは作り手のブーランジェだけではなく、パン好きの消費者も同じです。一寸したトレンドです。

　このパン・ド・ロデブをカットして内相を見ると、大小不均一で荒いので、とても食欲がそそられます（一昔前は、大きな穴のために、レストランからよくクレームが来たものでした）。

　仕込みの際にはたっぷり水が入り、生地が柔らかいので、作り手にとってはとても難しいパンです。

　しかし、この様なタイプのパンを上手に作れるようになれば、ブーランジェとしては少し鼻高々です。もちろん食べて、とても美味しいパンなのですから…

　焼いた次の日は、更に味が落ち着いて、美味しくなってきます。

### 藤森流パンレシピ

## パン・リュスティック（Pain rustique）

◎配合

レジャンデール（日清製粉）… 800g

フランスパン専用粉 … 200g

インスタント・ドライ・イースト … 3 g

塩 … 20g

モルト … 2 g

水 … 720cc

◎ポイント
・あまり捏ね過ぎないこと
・成形はしない(分割後、即、布の上で発酵)
・焼成温度は高めにする

**工程**

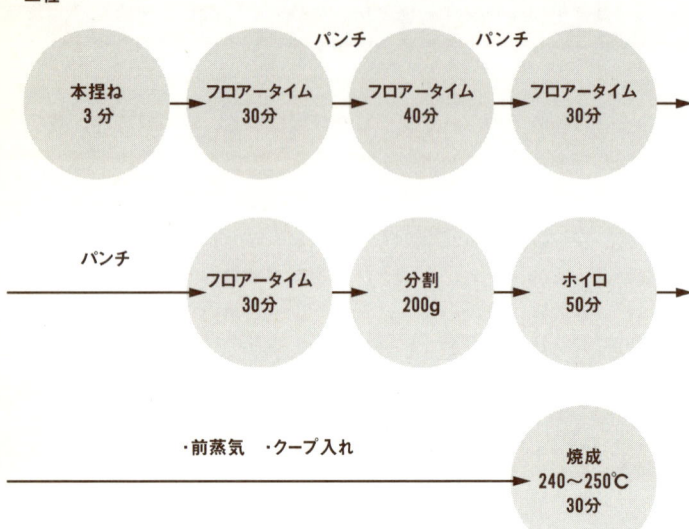

本捏ね 3分 → フロアータイム 30分 → **パンチ** フロアータイム 40分 → **パンチ** フロアータイム 30分 →

**パンチ** → フロアータイム 30分 → 分割 200g → ホイロ 50分 →

・前蒸気 ・クープ入れ → 焼成 240〜250℃ 30分

◎ポイント
・今結構人気があります。なぜかって?多分作り方だと思います。ミキシングでなく、パンチで生地を繋げていくからでしょう。最近のブーランジェは、アンダーミキシング(捏ねる時間が短いこと)傾向にあるように思えます
・こねるのを極力抑えたミキシングは内相、食感に大きく影響してきます
・工程上、生地に触る機会が少ないので、表面が荒れず、サクみ

のある薄い皮になります
・案外、昔はこんな作り方をしていたのでは…？といつも作りながら思っております
・「田舎の、無骨な、粗野な、粗雑な」こんな表現が「rustique リュスティック」の意味です
・変に手をかけない…。素材の味を生かした感じです

◎「ブーランジェをやってて良かった!! その１」
　2002年６月、日本と韓国との共催の、サッカーのワールドカップでヒート・アップしておりました。
　私は小学校の頃からのサッカー通であの1968年、メキシコ・オリンピックで日本がブラジル・フランス・メキシコetc.の今では思いもよらない強豪国を撃破し銅メダルになったのもしっかり覚えております。
　そんな私が日本でワールドカップが開催されるとなれば、仕事どころじゃありません。
　当時、日本の監督トルシエ氏は目黒の都立大付近に住んでいました手前、田園調布の「エスプリ・ド・ビゴ」には休日にはマダムと一緒に自転車でよく来てくれました。
　そんな縁でユニフォームやボールにサインはいっぱいもらい、その上、ワールドカップ後のアディダス主催の「トルシエおわかれパーティー」が知人のフランス人シェフ、パッション（代官山「レストランパッション」）さんの所で行われたので、バゲットやパン・オ・ルヴァンetc.をプレゼントに持って行きました。
　パーティーの最後に家族と一緒に記念のスナップを撮りました。感激です!!
　ちなみに、日本VSベルギーをパティシエの柳さんや辻口君、ブロートハイムの明石さんと観戦。準決勝のブラジルVSトルコを明石さんと…。
　「パン屋をやってて良かった！」

## ⑩ パン・ペルデュ、私が日本に広めた！自信を持って言えます！

「これをパン（Pain）と言うか、ガトー（Gâteau）というか…？」

パン・ペルデュには、一寸した自慢話があります。

このパンペルデュ、色々と説はありますが、ズバリ今日、日本で広めたのは…私です!!!

何故そう言いきれるかって…？

約17〜18年前、それまで日本では「パン・プリン」という呼び名が一般的でした。

あるいは「フレンチ・トースト」とも、言っていました。

以前からフランス人シェフの下で働いていた私は、「なんともカッコ悪い言い方だな」と常々思っておりました。両方とも、どちらかというと、英語読みなのです。

ある日、友人のフランス人ブーランジェやパティシエの何人かに、「前日の残り物のバゲットをクレーム・ド・キャラメルのソースに浸けて焼いたものを、フランスではなんて呼ぶのか」と尋ねると、大方の人が「タルティーヌ Tartine」と答えました。
「タルティーヌ」はバゲットを半割にして、一寸グリエしてバターやコンフィチュールを塗って食べるようなものと認識しておりましたので、どうもピンと来ませんでした。

そんなある日、パリの本屋さんで家庭のお菓子作りの雑誌を読んでいたら、バゲットをミルク・卵・砂糖を合わせたソースに浸して焼き、冷めてから粉糖をふってあるメニューが出ていました（家庭向けのお菓子の本で、結構アイデアが浮かびます）。
「パン・ペルデュ（Pain perdu）」と書いてありました。
「ペルデュ（Perdu）」を辞書で調べてみると、「なくなった、消えうせた、取り返しのつかない…」とあまり良い表現がされていませんでした。

早速、フランス人パティシエの友人に聞いてみたら、「あまり食べ物としては良い表現ではないから使わないほうが良いよ…」とアドバイスしてくれました。

なるほど、だからフランス人はあまりこの名を使わないのだ、

と思いました。

でも、日本人は、そんなこと外国の言葉だから気にしないと思い、帰国してすぐにそのメニューを店に出してみたら、飛ぶように売れたのです。

念のため、都内のパン屋さんやお菓子屋さんをチェックしてみましたが、ほとんどやっておりませんでした。

だから、「パン・ペルデュ」を広めたのは、手前味噌ですが、多分私でしょう…？

今では、知名度抜群になり、近々、何かコンクールまで行われるそうです。

---

**藤森流パンレシピ**

## パン・ペルデュ(Pain perdu)

---

(アパレイユ(ソース)の作り方)
◎配合
牛乳 … 1000cc
全卵 (M) … 5 個
卵黄 (M) … 5 個
砂糖 … 250g
バニラエッセンス … 10cc


◎工程
・牛乳を沸騰させます
・全卵、卵黄、砂糖、バニラエッセンスを合わせて、良く混ぜたものの中に、60〜70℃まで冷ました牛乳を入れ、手早く混ぜ合わせる
・アパレイユが人肌くらいにさめてから残り物の前日のバゲットを横に反割りにし、浸していく
・網の上に載せて、アパレイユを良くきる(場合によっては冷蔵庫に入れたほうが型崩れしない)

・そして表面にクレーム・ダマンド（アーモンド・クリーム）をうすく塗り、粉糖をふってオーブンへ
・170℃くらいで、ゆっくり焼く
・表面に焼き色がつけばOK！（クレーム・ダマンドがなければ、紛糖でも良い）

### 藤森流パンレシピ
## パン・ペルデュ・グラティネ(Pain perdu gratiné)

◎配合
パン・ド・カンパーニュ（厚さ1.5センチくらい）…4枚
牛乳…150cc
全卵…1個
コショウ、塩…少々
コンテチーズ
カンタルチーズ　　　…各50g
エメンタールチーズ

◎作り方
1．牛乳を温め全卵と合わせ、塩、こしょうする
2．さめてからスライスした田舎パン（パン・ド・カンパーニュ）を浸し、各フロマージュを乗せて、220〜230℃で15分ほど焼く

◎ポイント
＊パン・ド・カンパーニュが残って、カリカリに硬くなってから使ってください
＊まだ日本ではあまり見かけません。一寸したカフェのメニューになります

## ⑪ 料理と意外にマッチしたパン・オ・レ

ミルクコーヒーだからカフェ・オ・レ「Café au lait」と言い、ミルクパンだから、パン・オ・レ「Pain au lait」と言います。

一見ヴィエノワズリー（菓子パン）っぽくとられがちですが、案外、食材と相性が良いのです。

私の好きなフランス地方の一つ、北フランスのノルマンディー地方（Normandie）は、フロマージュ、バター、生クリーム、カルヴァドス、シードル、りんごなど、食の宝庫です。もう十数回は訪れておりますが、必ず行くパン屋があります。

フロマージュで有名な、ポン・レヴェック村を更に西のカーン（Caen）方面に20〜30km行くと、古い家（フェルム「ferme」）が草原に点在します。

その中の村、プティ・ヴィラージュ（Petit Village＝小さい村）という、ちょっと観光地っぽい村にそのパン屋さんはあります。

『不思議の国のアリス』に出てきそうな可愛い造りの店です。

その店に、地元の生クリーム、牛乳、バターがたっぷり入ったパンがありました。

このパンと、隣のシャルキュトリー（惣菜屋）で買った、リエット（Rillettes）とシードル（Cidre）を昼食にしました。安上がりのレジョナル（régional＝郷土のオリジナル）なメニューです。

リエットとの相性は抜群でした。

パヴェ「Pavé＝石畳」という名前で、私のお店では売られております。

配合は、そのノルマンディー地方の「パン・オ・レ（Pain au lait）」です。

このパンの形は、日本でM.O.F（フランス最高職人賞の称号）を持つ、銀座は資生堂が経営するレストラン「ロジエ L'osier」のシェフ、ジャック・ボリー（Jack Boli）さんに、パリの三ツ星レストランのピエール・ガニェール（Pierre Gagnaire パリ8区）でサービスされているパンを勉強して作ってほしいと頼まれ現地に飛び、パリでバッタリ会った友人のフランス菓子研

究家、大森由紀子さんを誘って食事をした時の物をパクッて(表現が悪いかな?)再現したものです。

＊リエット＝Rillettes
　豚肉などを脂煮し、ほぐして混ぜ合わせたペースト。ノルマンディー地方のものは美味しいと言われています。
＊シードル＝Cidre
　りんごを発酵させて作った発泡酒。ノルマンディー地方の名産。

### 藤森流パンレシピ
## パン・オ・レ (Pain au lait)＝Pain de Normandie

◎配合
フランスパン専用粉 … 1000g
砂糖 … 120g
塩 … 20g
インスタント・ドライ・イースト … 8g
生クリーム … 80cc
牛乳 … 550cc
全卵 … 100g
発酵バター(無塩) … 120g

**工程**

バター以外の材料を捏ねる 15分 →（バターを入れて5分）→ フロアータイム 60分 →（ガス抜き(パンチ)）→ フロアータイム 30分 →

→ 分割 丸め
180g(大)
90g(小) → ベンチ
20分 → 成形
クッペ形 → ホイロ
60分 →

――― はさみを両方から入れて、カット ―――→ 焼成
220℃
20分

# ⑫ Pour à la Campagne!!
# さあ、田舎へ行こう!!

本当のフランスの良さを味わいたいなら、地方に限ります。

私のフランスの旅は、パリ・シャルル・ド・ゴール空港（Paris l'Aéroport Charles de Gaulle）に到着したら、すぐにレンタカーで地方へ！田舎へ！プール・ア・ラ・カンパーニュ（Pour à la Campagne）!!

ここでは私が何回も訪れてみて、皆様にお勧めの地方を御紹介いたします。

私はブーランジェ（パン屋）ですが、パンに限らずワイン、フロマージュ、料理、菓子など、気に入ったものを紹介します。

以前、フランスのある本に、「フランスの地方は、その土地で取れたぶどうから作るワインと、その土地の牧草で育った乳牛のミルクで作るフロマージュ、そしてその土地の小麦から作る、パンの相性は素晴らしい」と書いてありました。

そして、これらの素晴らしく美味しい組み合わせを、「トレ・ボン・マリアージュ（Très bon mariage）」と言うのです。ちなみに、「マリアージュ」とは結婚の意味です。

まずは、お気に入りの地方のひとつ、アルザス（Alsace）をご紹介します。

## フランスNo.1の食の宝庫…アルザス（Alsace）地方

「アルザスは、何から何まで個性的です」

料理、菓子、パン、ワインなど、全てが独特の物ばかりです。そして、言語、風俗まで特徴があります。

中心都市ストラスブール（Strasbourg）にいらしてください。

小学生のとき教科書で『最後の授業』という、フランスとドイツ（プロシアだったっけ？）の戦争の板ばさみになった村の人々が取り上げられていたことを思い出します。そんな、両国の文化が入り混じった町です。

まず、郷土料理のシュークルート（Choucroute alsacienne）。

ドイツのザワークラウトと同様、塩漬けキャベツを発酵させた

もの。ゆでたソーセージ、ハム、豚の足、ジャガイモなどボリュームたっぷりの具材を、アルザスの白ワインでしっかり煮込んだものです。

それと、羊、牛、豚の肉を一晩白ワインに漬け込んで、たまねぎ、ジャガイモを加え、土鍋に移し、パン屋のかまどでじっくり蒸し煮した、ベックオフ（Baecka offa）もあります。

もうひとつお勧めなのが、タルト・フランベ（Tarte Flambée）。パイ生地の上に炒めたたまねぎ、生クリーム、卵、牛乳を流し込んで焼いたもの。

フロマージュは、柔らかく、やや黄味がかったウォッシュタイプのマンステール（Munster）が特産。強い香りと風味を持つのでクミンシードを振りかけて食べるとさらに美味しい。

ワインはボルドーやブルゴーニュほどメジャーではないが、フルーティーで瑞々しい、きりりとした飲み口の白ワインが有名です。

アルザス地方を縦断するアルザスのワイン街道（Route de vin）は白ブドウの畑の中を走り、小さな村を結び、その村ではワインの試飲はもちろん、郷土料理のレストラン、お土産屋などが建ち並び、観光スポットでもあります。

特にコルマール（Colmar）から少し行った小さな村、リボビレー（Ribeauvillé）には、是非立ち寄っていただきたいです。

町の目抜き通りはアルザス独特のお菓子やパン、民芸品、ワインと、どれも欲しくなるようなものが、並んでいます。

〜お勧めのアルザスワイン〜
- リースリング（Riesling）：アルザスの王様。気品ある辛口。シュークルートによく合う
- ゲヴュルツトラミネール（Gewürztraminer）：白ぶどうの香りがしてアペリティフにも、フロマージュにもデザートにもよく合う

さてさて、お待ちかねのこの地方のパンとお菓子をご紹介いたします。まずは…

# クグロフ（Kugelhopf）

　専門的に言うと、卵、無塩バターを使ったブリオッシュに近い生地。その中に干しぶどうが入り、アルザス独特のムール（Moule）と呼ばれる型に入れて、しっかり焼いた発酵菓子？パン？本来はオーストリアが本籍地だそうです。

　ストラスブールからパリ方面、高速道路（A4）に乗り、ドイツ・カールスルーエ（Karlsruhe）方面に20分ほど行くと、「ビィシュウィラー（Bischwiller）」の看板が見えて、そこで高速道路を降りてから10分ほど行くと、静かな町並みになります。

　この小さな町に、フランスで初の親子２代のM.O.F（Meilleur ouvrier de France フランス最優秀職人）のブーランジェ、ジョセフ・ドルフェール（Joseph Dorffer）、リシャール・ドルフェール（Richard Dorffer）親子が、店を構えております。

　父親のジョゼフは、日本でテレビにも出演しており、すっかりお馴染みです。彼はベーカリー・ワールドカップの運営の中心人物でもあります。サッカーで言えばトルシエか、ジーコみたいな人でしょうか…？

　2002年のパリで開催されたパンのワールドカップで、日本が見事に優勝したのも彼のアドヴァイスによるところが大きかったと思います。

　彼は出来るだけ自分の育った地元の素材を大切にして、伝統的なレシピを掘り起こす事に熱心です。

　スペシャリテはなんと言ってもクグロフ（Kugelhopf）。

　バターたっぷりの生地を素焼きの型で焼く。アルザスでも１～２位を争うと言われております。

　お父さんのジョゼフと比べ、息子のリシャールは、少しドライですが、私には彼のほうが、何となく、付き合いやすいです。

　でもリシャールの代になって日本人が研修するのに少しお金を払うそうです…。マァ、考え方を変えればフランス人は自分達の秘密はそうは簡単に教えないのがノーマルだそうです。

### ドルフェール氏のスペシャリテ
# クレマンテーズ（Crémantaise）

　地元の甘い発泡酒「クレマンテーズ」を使ったヴィエノワズリーです。

◎ポーリッシュ法
クレマンテーズ・ダルザス … 190cc
強力粉 … 250g
インスタント・ドライ・イースト … 15g

◎本捏
強力粉 … 750g
インスタント・ドライ・イースト … 15g
塩 … 25g
砂糖 … 125g
全卵 … 250g
牛乳 … 250cc
無塩バター … 400g
ラム酒漬けレーズン … 300g

◎マカロン・トッピング
アーモンド（皮付き）… 175g
マジパン … 75g
バター … 38g
とうもろこしの粉 … 38g
卵白 … 100g

◎ポイント
・卵白以外をロボクープ（フード・プロッセッサー）で混ぜ、最後に卵白を加える

[Dorffer] 7, rue Poincare 67240 Bischwiller,
tel  03.88.63.24.45

>P.-S.　クグロフのムール工房が集まる小さな村、スフレンハイム（Soufflenheim）も、見逃せません。是非一度訪れてください。Bischwillerから車で15分くらいです。

「食の宝庫アルザス」のいわれのひとつに、ドイツ風の食べ物がメランジェ（混ざっている）されていることが挙げられます。

　フランスはビールがあまり美味しい国ではないのですが、このアルザスは例外です。

　パンもブレッツェル（Bretzel）が多く見受けられます。

　面白いのは、ドイツ語も通じるので、時々ドイツ語でプライスカードが書かれていることがあります。

　ワイン街道に立ち並ぶパン屋、菓子屋には独特な地方色豊かなものが並んでおります。

　もうひとつ、ワイン街道の店に必ずあるのが、パン・デピス（Pain d'épice）です。

　アニス、ジンジャー、カルダモン、シナモンなど地元の香辛料とライ麦で作ったお菓子です。

　一般的には硬くてパサついていますが、私たち日本人には柔らかくてしっとりした物の方が食べやすいでしょう。

「食」に関してアルザスは事欠きません!!

　ここで、アルザスに行ったら必ず訪ねて欲しい店を2店、ご紹介します。

　ひとつはアルザス地方、中部の都市コルマール（Colmar）からTrois-épis方面にワイン街道を行くと、「ニーデルモールシュウイラー（Niedermorschwihr）」という小さな町に、フランスでもNo.1と言われるコンフィチュール作りの名人、クリスティーヌ・フェルベール女史の店があります。ピエール・エルメもジャン・ポール・エヴァンもお奨めしている店です。

とにかく地元の果実、素材しか使わない彼女のコンフィチュールは、とても有名です。私はコワン（Coin 花梨）が好きです。今では日本にも輸入されています。クリスティーヌはとってもチャーミングなマダムです。

是非一度訪れて、クリスティーヌのコンフィチュールを召し上がってみてください。

ガトー（gâteau）も、特にタルトが美味しい！

18 rue des Trois-épis 68230 Niedermorschwihr
tel 03.89.27.05.69

もうひとつは、コルマール（Colmar）からほど近い、イルローゼン（Illhaeuseern）で、長い間三ツ星を守りつづけている、エーベルラン親子のオーベルジュ・ド・リル（Auberge de l'Ill）です。

イル川のほとりにある、このレストランの庭はアペリティフを飲みながら、これから始まるご馳走を待ちわびる人で賑わっております。

過去3回行きましたが、わざわざ行くのに値します。ホテルもありますから、ゆったり2～3日は滞在したいですね。

是非、お勧めです…少々高いかな…？

tel 03.89.71.89.00
fax 03.89.71.82.83

# Bon Appétit ! AVRIL 1997 No.77

## シェフのひとり言 No.4

最近、東京のパン屋さんは、全体に景気が良いらしいです。フランスのブランド系の大手、フランチャイズ系、ベーカリーレストラン系、個人の天然酵母・健康志向系など、私の知る限り皆忙しくて大変らしいです。それだけパンが昔に比べ生活に溶け込んで来たと訳す事でしょうか…？ 実に良い事です。一生懸命にパンを作る個人のパン屋さんも、最近ブームの「雑誌のパン特集」などに登場して絶好調のようです。大手もフランスから冷凍パンが大量に、そして実に安く、良質の物が輸入されて来たので効率良くそれらを使い利益を上げているようです。

最近流行の「ベーカリーレストラン」は、皆この様にしてパンを焼き、順調に売り上げを伸ばしております。ファミリーレストランにちょっと飽きた時、この様なベーカリーレストランにお客様が興味を示して行っているのでしょう。

それからちょっと勘違いしている事に天然酵母があります。「天然酵母をやらなければ、良いパン屋さんではない」とまで言われております。その為、自分の工場でレーズンなどの果物から酵母を最初から作ろうとするのではなく、出来合いの果粒の素を使って当店は、天然酵母でございます。と言っている店がどんどん増えて来ました。ちょっと矛盾している感があります。一昔前の不動産のバブルの時の様にパン屋さんもバブルの時代になりつつあります。我々パン屋は、自分の特色を生かし、しっかりと美味しい正直なパン作りをしなければならない時期にさしかかっていると思います。

### ビゴの田舎パン

たくさんの方々にパンを食べていただけるようになり、素朴で飽きの来ないライ麦入りのパンが好まれるようになりました。特にチーズやサラダハムなどに相性の良いドライフルーツやナッツ入りのビゴの田舎パンの田舎パンをご紹介します。

- ポルカ・オ・ノア (Polka au noix) くるみ入り
- パン・オ・プリュノー (Pain au Pruneau) くるみとプルーン入り
- パン・オ・フィグ (Pain au Figue) くるみといちじく入り
- セーグル・ノア・レザン (Seigle noix Raisin) くるみとレーズン入り フランス小麦粉入り
- パン・オ・ハーブ (Pain au Herb) ライ麦がちょっと、フランスパン生地にバジル入り、くるみとオリーブ入り

### BIGOTでお勧めの一冊！
**パリのパン屋さん**
著 渡邊政子 1997

パン・ジャーナリストの渡邊さんが、ステキな写真と文でパリのパン屋20軒を紹介しています。
もちろん BIGOTのパリ店も登場しています。パリにあこがれる女の子が増える事、まちがいなし。ヴァカンスにパリに行かれる方にお勧め！

※ 鵠沼店では、4/1 より ケーキを一部 値下げ致します。種類も取り揃えてお待ち致します。

| | | |
|---|---|---|
| BIGOT | 銀座店 プランタン銀座B1 | 03 3561 5205 《4月のお休み》16㊌のみ |
| | 鵠沼店 田園調布鵠沼 | 044 856 7800 7㊊・14㊊・21㊊・28㊊ |

## ⑬ 思い入れは強いのですが…
### パン・デピス

今、日本の若いパティシエが作っているフランス菓子は、仕上げが綺麗で、味の組み合わせも巧みで、昨今世界でも「フランス風日本菓子」と呼ばれるくらい、独自のレベルの高さを維持しております。

　それはそれで良いのですが、私が昔見てきたフランスのお菓子は、生ならシュー・ア・ラ・クレーム、エクレール、パリ・ブレスト、サントノーレ、サランボ、ババ、ススコット etc. です。

　以前から、フランス菓子の真骨頂は焼きものにあるのでは…？と思ってきました。

　コンベルサシオン、ピュイダムール、ケーク・オ・フリュイ、ムラングなどや、地方の伝統菓子、カヌレ、クイニー・アマン、ガトーバスク、パン・デピス、マカロン、etc. ではないかと、今でも思っております。

　今回、ご紹介したものは、アルザスのワイン街道沿いの売店で買って、隣の工房で作り方を教わりました。

　南西フランスにも、ディジョン付近にも、といったように、ある程度フランスには名産の地方がありますが、私はアルザスの物が好きです。トッピングをセミドライフルーツでデコレしてあります。

　最近発見したのですが、ストラスブールの旧市街にある運河の名所「プティ・フランス」の近くにも、オシャレな専門店がございます（その店の御主人はやたら、のりの良いおじちゃんです。日本人を見つけるとやたら写真におさまりたがります）。

　パン・デピス「PAIN D'ÉPICE」
　Mireille OSTER  14, rue des Dentelles 67000 Strasbourg
　tel, fax 03. 88. 32. 33. 34

**藤森流パンレシピ**

## パン・デピス(Pain d'épice)

◎配合

アーモンドプードル（皮付き）… 125g ⎤
アカシヤの蜂蜜 … 125g　　　　　　　│
砂糖 … 50g　　　　　　　　　　　　　│
水あめ … 50g　　　　　　　　　　　　│
シナモン … 2g　　　　　　　　　　　　│
ポアブル … 1g　　　　　　　　　　　　│
ナツメグ … 2g　　　　　　　　　　　　├ ①
クローブ … 2g　　　　　　　　　　　　│
ジンジャー … 2g　　　　　　　　　　　│
松の実 … 50g　　　　　　　　　　　　│
塩 … 1g　　　　　　　　　　　　　　 │
澄ましバター … 40g　　　　　　　　　⎦

薄力粉 … 450g　　　　　　　　　　　⎤
コーンスターチ … 50g　　　　　　　　│
BP … 10g　　　　　　　　　　　　　├ ②
インスタント・ドライ・イースト … 2g　│
ラム酒 … 50cc　　　　　　　　　　　⎦

◎工程

・①の材料をすべて良く混ぜ合わせ、冷蔵庫で一晩寝かす
・①に②の材料を良く混ぜ合わせ、バターを塗ってパウンド型に流し込み、60分置いておく
・160度のオーブンで、最初は下火で60分焼く

**藤森流パンレシピ**

## タルト・フランベ(Tarte flambée)アルザス地方

　パン生地を薄く延ばし、上にフロマージュブランやたまねぎ、ベーコンを乗せて、塩、こしょうしたアルザスの名物料理。どちらかというと、ピザに似ています。

　切れ味のある、アルザスの白ワイン、ゲヴュルットラミネールやリースリングとよく合います。

　下の台のパートは、薄ければ薄いほど、パリッと美味しく感じられます（家庭でもチャレンジ!!）。

◎配合
(仕上げ用アパレイユ)　直径25〜30センチ1枚分
フロマージュ・ブラン … 100g
生クリーム … 50cc
薄力粉 … 大匙2杯
塩、コショウ、ナツメグ … 少々
たまねぎスライス … 1/2個分
ベーコン（細かくカット）… 50g


◎工程
・パート作りは、ピザの生地を参考にして良いでしょう
・配合で少し薄力粉を入れて、サクみを出すのも良いでしょう
・オリーブ・オイルを、溶かしバターにしても良い
・上記のピザよりもっと生地を薄く延ばす。ホイロ25分
・ベシャメルソースを薄く塗る
・塩、コショウする
・スライスオニオン、ベーコンを乗せる
・オーブン200〜250℃で15分。下火は強く

　ご紹介し足りないくらい、アルザス地方はフランス的なものがいっぱいです。ぜひ、ぜひ一度は訪れてみてください…!!

でも私はこの地方を、10数回程訪れていますが、一度もクリスマスの12月に行ったことがありません。
　フランス人の友人に、「Noël en Alsace」という位だから、12月、アルザス中の村がイルミネーションで輝くクリスマス・マルシェを見なきゃダメ、と言われます。
「12月？えー？無理だよ！」

◎"フランス映画が始まりです…"
　私は中学生の頃から映画少年で、カトリーヌ・ドヌーブの『シェルブールの雨傘』（シェルブール）、アラン・ドロンの『太陽がいっぱい』（カンヌ）、ジャン-クロード・キリーの『白銀はまねくよ』（シャモニー）、クロード・ルルーシュ監督の『男と女』（ドービル）etc。これらの映画に出てくる土地への憧れが、フランスへの第1歩だったでしょう…。

# Bon Appétit ! AOÛT 1997 NO.86

## フランス料理のグランシェフが推賞する
## フランス・ブルターニュ地方 "ゲランドの天然海塩"
### GUÉRANDE

地球最初の生命は、45億年前、海から生まれ、進化したと言われます。海のミネラルバランスは、人間に不可欠で、自然乾燥した「塩」こそ食品の原点と言えます。「減塩」から「適塩」は当然の事、更に「適塩(適量良塩)」が重要となります。

### <太陽と風が造る灰色の結晶>

大西洋に突き出たフランス・ブルターニュ地方のゲランド(GUÉRANDE)には、まるでモザイクのように塩田が広がり、古代ローマ時代からケルト民族に受け継がれた塩作りが行なわれて、世界でもわずかに残された「自然製法塩」として世界的に注目されています。すなわち海水をいくつもの塩田に段階的に導き入れる事により、濃度を高め、太陽と風の作用により結晶化させているのです。このように一切人工的なエネルギーを使わずに塩の結晶を得るには、平坦な大地・温暖な海・強い太陽の光・適度な風、そして降水量が少ない事が絶対条件となります。この塩田は、今でも公害の影響がない場所で、ゲランドの塩の香りは、塩本来のものなのです。

### ●日本でも解禁になり、先がけてビゴの店 (銀座店、食材の店 ブレンヌ) で発売中
※ 全てのフランスパンにも使用しております。

### フルール ド セル "塩の花"
### Fleur de Sel

結晶池 (採取される池) の水面に広く浮き出すこの結晶は「塩の花」と呼ばれています。採った後に水分を自然に切るだけで、洗ったり砕いたりせず、マグネシウム、カルシウムなどのミネラルがたっぷりと含まれ、ほのかにすみれのような香りがします。フランスの高級料理店で使用され、また食卓塩としてグリル料理や生野菜などにもおすすめ!
250g ¥1000

### セル マラン ド ブルターニュ
### Sel marin de Bretagne

塩田の濃度が250g/lぐらいに達した時に現れるいろいろな大きさの結晶からできる結晶塩に沈殿していた為、色がほんのりとしたグレーです。乾燥され天然風味で塩分がないより石臼で挽かれたり袋詰めにされます。料理や塩漬け加工などにお手軽でおすすめ!
500g ¥440, 1kg ¥780

### Information  "ドラジェ"専門店 (株)クレールより
### 展示会のお知らせ
お問合せ 03 (3700) 7440

フランスの祝い事に"ドラジェ"、カリソン。見た目もかわいく、食べても美味しいので、日本でも結婚式などでプレゼントと人気があります。また、ドラジェを花びらに見立て組み合わせて作ったブーケ、フレッシュオブジェにしたものは、フランスで1つの芸術文化として認められます。今回は、ドラジェ&カリソンはもちろん、それらの品々や数々の展示します。また、手作りラッピングとお考えのお客様に、チュール、リボン等の小売なども合せてご紹介します。<皆様のお越しをお待ちしております!>

8/22 (金)〜24 (日)
AM 10:00〜PM 18:00〜 (初日 AM 11〜 / 最終日 PM 13:00〜)
お店は ヒルサイドテラスC棟テラス
渋谷区猿楽町29-10
03 (3476) □□□□ (会期中のみ)

地下鉄・恵比寿駅→→→ バス・山種美術館前→→→渋谷

ビゴの店銀座店 03 (3561) 5205, ビゴの店野沢店 044 (856) 7800

## ⑭ パン・ド・カンパーニュという呼び名は?

一般的には、パン・ド・カンパーニュ（田舎風）や、パン・ペイザン（農家風）などの言い方をしておりますが、フランス人のイメージとしては、「Paysan＝田舎者」という様な感じで、「カンパーニュ」のほうが、店に並べるときの印象が良いみたいです。

　段々と、都市の白いバゲットは味が落ちてきていて、見た目にも素朴なライ麦の荒挽きで作った田舎パン系が、再び注目されてきました。

　昔は、こんなにパン・オ・ルヴァンなどは、もてはやされておりませんでした。

　それだけ、パン・トラディショネル系の味が、労働時間の短縮などの影響で、低下してきたのでしょう。

　でもフランス人は、丸いパン（ミッシュ）より、バゲット型のほうが好きです。そのほうが、皮がパリッとしているからでしょう。

　バゲット・カンパーニュは最近の流行です。

　カスクルート（フランスパンのサンドイッチ）にしても、美味しいですよ。

#### 藤森流パンレシピ

## パン・ド・カンパーニュ（Pain de campagne）

◎配合　前日種

フランスパン専用粉 … 500g

モルトシロップ … 5g

インスタント・ドライ・イースト … 0.5g

水 … 500cc

・種の材料を万遍なく丁寧に混ぜ、22℃に捏ね上げる
・10～12℃の冷蔵庫で、12時間、熟成させる（乾燥しないようにラップをする）

◎本捏

フランスパン専用粉 … 400g
ライ麦粉（細挽）… 100g
インスタント・ドライ・イースト … 1.5g
塩 … 15g
水 … 225g

◎ポイント

・本捏の際に、前日種はあらかじめ冷蔵庫から出しておき、常温に戻す。種が冷えていると生地がダレ易い
・前日の2〜2.5倍ほどの大きさであれば良し

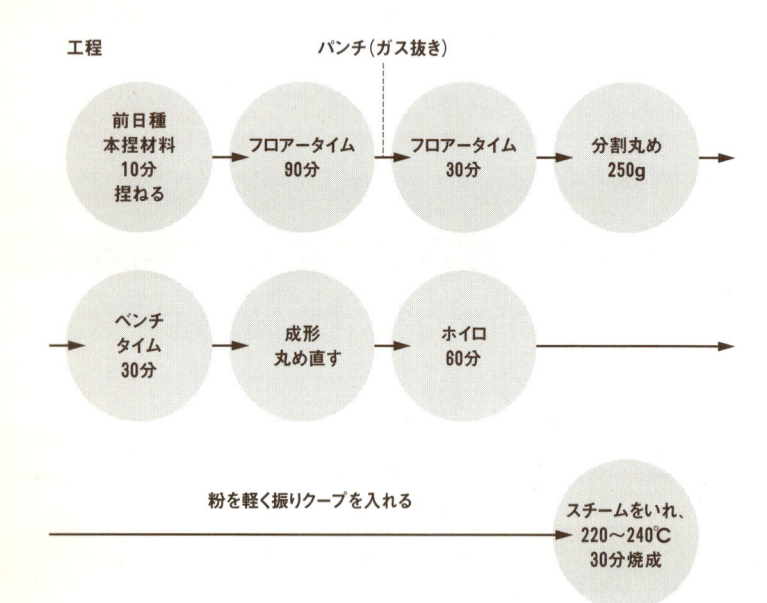

**工程**

前日種 本捏材料 10分 捏ねる → フロアータイム 90分 → ┊パンチ（ガス抜き） フロアータイム 30分 → 分割丸め 250g →

→ ベンチタイム 30分 → 成形 丸め直す → ホイロ 60分 →

粉を軽く振りクープを入れる → スチームをいれ、220〜240℃ 30分焼成

洋菓子のクープ・デュ・モンドの生みの親。フランスの巨匠ムッシュー・パスカル・パンヤソンと食事をした時のスナップ。「こんなにはしゃいで〜！後からゾォ〜っとしました」

「フランスにおける日本年」の時、日仏文化交流協会会長のかの有名な磯村氏（元 NHK キャスター）と共に。フランス南西部カルカッソンヌにて。

ジュラ山脈の山の上の料理学校「シャトー・アモンダンス」の校長、フレデリック・ディーグ氏と。こうみえても同い年。

1999年パンのクープ・デュ・モンドの熱戦が終って打ち上げパーティーのディスコでのフィーバーぶり（M.O.F クリスチャン・ヴァブレ氏と）。

北のノルマンディーのカブール (Cabourg) のソバ粉のクレープ屋の店先で…。
ソバ粉のクレープを「ガレット」とも呼びます。

パリのシャンゼリゼの「パティスリー・ラデュレ（Ladurée）」のクラシックなガトー。左からレリリューズ、サランボ、オペラ、タルト・シトロン、エクレール、ババ…。

地方の町で見かけた、パンの自動販売機。「いつもフレッシュなパン」をというコピーが何ともフランスらしい…？

フランス・パリで行われた見本市（アンテル・シュックル）でかの有名なショコラティエ、ロベルト・ランクス氏（メゾン・デュ・ショコラオーナー）と。

◎ポイント
・胡桃やドライフルーツを使用する場合は、生地量の20％以下に抑えること

　昔のヨーロッパの農家では、おばあちゃんかお母さんが、ライ麦と自家製の酵母で、固くてぺっちゃんこのライ麦パンを一週間分まとめて焼きました。
　そんなところから、別名「Pain grand-mère（おばあちゃんのパン）」などと呼ばれていました。

# Pain de campagne（パン・ド・カンパーニュ）を毎日食べれば、健康です!

　フランスの小麦粉のタイプ55（バゲット用）に比べ、タイプ150（田舎パン用）は、繊維やミネラル、ビタミンが多く含まれております。
　繊維は、血中のコレステロールを下げ、体内の水を維持する働きがあるため、便通をよくしたり、成人病に効果があるそうです。
　つまり、栄養や健康面においては、パン・コンプレや、パン・ド・カンパーニュ、パン・オ・ルヴァン、パン・オ・セーグル、セレアルなどを食べるほうが良いということです。
　ライ麦や、全粒紛（グラハム）などの、繊維、ふすまが多く含まれているパンを食べましょう。
　何か、日本の「麦ご飯を食べましょう。健康にいいから…」と似ていますネ！
　贅沢をするようになると、体に悪いんですネ！

## ⑮ 美味しく食べてダイエット〜!

**藤森流パンレシピ**

# ル・パン・オ・シス・セレアル（Le Pain aux 6 céréales）

◎配合

強力粉 … 550g

グラハム粉 … 100g

ライ麦粉（荒挽き）… 180g

オージュ（大麦粉）… 60g

アボアーヌ（カラス麦粉）… 60g

サラザン（そば粉）… 50g

塩 … 20g

インスタント・イースト … 5g

ビタミンC … 2cc

フランスパン生地 … 300g

モルト … 2g

水 … 570cc

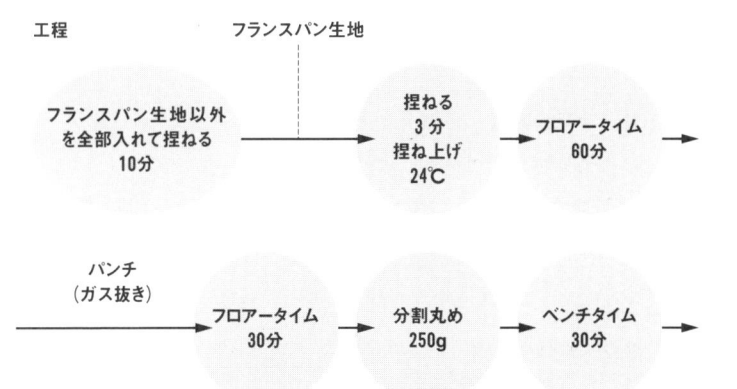

工程

フランスパン生地以外を全部入れて捏ねる 10分 → 捏ねる 3分 捏ね上げ 24℃（フランスパン生地を加える）→ フロアータイム 60分 → パンチ（ガス抜き）→ フロアータイム 30分 → 分割丸め 250g → ベンチタイム 30分 →

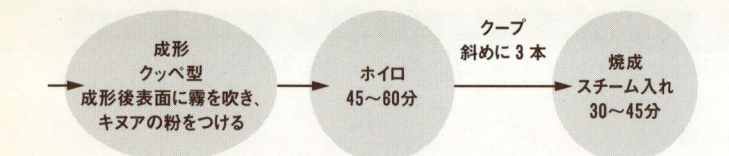

```
→ 成形            → ホイロ    クープ   → 焼成
  クッペ型          45〜60分  斜めに3本  スチーム入れ
  成形後表面に霧を吹き、            30〜45分
  キヌアの粉をつける
```

　フランスで、有機栽培を Biologique、略して「Bio(ビオ)」と呼びます。

　まあ、無農薬の自然食品のことと思って下さい。

　したがって、Pain bio（パン・ビオ）は、無農薬、有機栽培のものだけで作られたパンのことです。

　これに、命を懸けているブーランジェがパリにいます。

　14区のライオンの像で有名な、ダンフェール・ロッシュロー（Denfert-Rochereau）の、メトロ駅の出口をあがったところにある、ブーランジュリー「モワザン(Moisan)」のオーナー、ミッシェル・モワザン氏です。

　そこで買って食べた、Pain bio（パン・ビオ）の美味しさは、今でも忘れられません。

|モワザン　Moisan|

　4, Av du General Leclerc 75014
　tel 01.43.22.34.13
　Métro, Denfert-Rochereau

＊かの有名なブーランジュリー「メゾン・カイザー（Maison Kayser）」に行く途中で見つけました（プラス・ディタリーから、モンジュ通りに行く途中）。

すごーく BIO（有機栽培の材料）を意識していました。

「ル・ブーランジェ・ド・モンジュ（Le Boulanger de Monge）」
BIO の話をしたら、シェフに2時間もつかまってしまいまし

た。

＊ABマークは、「Agriculture Biologique（有機栽培農業）の頭文字。

　BIOにこだわる店としては、左記の2店がパリでは1〜2を争います。

　今パリのブーランジェのトレンドはBIOです。

　よ〜し！明日からうちも「ビゴの店」ではなく「ビオの店」、「BIGOT」改め「BIO」なんて…どうですか？

　でも、材料にこだわることは、作り手として当然で、いいことだと思います。

P.-S.　ムッシュー・モワザンが言ってました。ダイエットしたければパンも「白色」から「茶色」に変えなさい…って!!

## ⑯ カスクルートって何て訳すの?

カスクルート「Casse-croûte」って知っていますか？

カス（casse）はフランス語で「壊れる」の意味で、croûteは「パンの皮」と言います。

「壊れたパンの皮」？意味が解りません。

でも辞書に「Casser une croûte」は「軽い食事をする」と書いてありました。

フランスでも力仕事をする人や、農家の人などは、午前中にパン、フロマージュ、ジャンボン、ソシーソンなどの、その地方や家によって違いはありますが「カスクルート」と呼ばれる軽い食事をとる場合があります。

要するに、力仕事をするため、簡単な朝食ではエネルギーが補えないのでしょう。

それが高じて、ブーランジュリーやカフェ・メニューの「カスクルート」と呼ばれる、半分くらいにカットしたバゲットに切れ込みを入れて、バターを塗り、チーズやハム、あるいはリエットなどをはさんだ、軽食っぽいサンドイッチになったのではないでしょうか。

ムッシュー・ビゴが日本では最初にカスクルートを作り、紹介したそうです（本人の談です）。

# 美味しいカスクルートの作り方

あまりにも作り方が簡単なので、教えることはありません。

けれど今までの経験で、何を挟むと、より良い「Mieux!」かは、ご紹介できるでしょう。

やはり、パン・トラディショネルのカスクルートには、しっかりしたものが良いでしょう。

・ジャンボン・クリュ（生ハム）、アンチョビ・フィレ（缶詰のものはダメ。瓶詰めの塩味の効いたもの）

・ドライトマトをニンニクとオリーブオイルに浸けたもの、プラス、グリーンオリーブがあればよし！ベジタリアン向き。

・物足らない人は、前にご紹介した、リエットをどうぞ。コツは薄く塗り、コルニッション（ピクルス）の刻んだものをパラパラと…

＊私の食材の先生は、輸入食材会社、輸入部長のリュック・ドマンジュさんです。

彼は、第1回カスクルート・ドール「Casse-croûte d'or」コンクールの審査委員長です。

＊「Casse-croûte d'or」とは？

日本におけるフランスパンの神様、レイモン・カルベル先生と何年か前にパリで一緒に食事をする機会がありました。

先生は常々私に「美味しいパンを焼くのは当り前、君達の時代には美味しく食べさせる事もしなければならない。」と言っておりました。この言葉は今でも頭に残っております。

そのため友人のフランス人リュック・ドマンジュと力を合わせて '03幕張メッセ「モバック・ショー」" で画期的なハード系パンのコンクールを行いました。こういう地味な努力と普及が将来の日本のパンを支えると信じております。

でも、新しい事を立ち上げる時は色々と波風があるもので、一苦労でした。

左のフランス人シェフが僕に本格的なフランス菓子を教えてくれた、故フィリップ・ポンティヨンです。パリ・フォーション時代からその腕が評判でした。「もう少し長生きしてくれていれば…。」と悔んでも悔み切れません。彼の二人の娘さんを私は自分の娘の様にこれからも見守って行きます…。

## ⑰ パリのカフェの定番 クロック・ムッシュー

パリの街は、自転車で走り回るにはちょうど良い大きさです。
　私も友人に自転車を預けていて、パリでのプライベートの時は、ぶらっと走っております。
　もちろん、プジョーの自転車です。
　ブーランジュリー、パティスリー、フロマージュリーはもとより、キッチングッズ屋 etc.ガイドブックに載っていない店など、新発見の連続です。
　そんな時の腹ごしらえは、カフェで一休み。
　熱々のクロック・ムッシューか、目玉焼きの乗ったクロック・マダムが定番です。
　最近では、パン・ド・ミーにチーズ、ハムの組み合わせのほか、パン・ド・カンパーニュにサーモンなどの、ノルウェー風のクロック・ムッシュー（Croque-Norvégien）なども見られます。
「ici poilâne（当店のパンはポワラーヌです）」というプレートが置いてあるカフェが多いです。ポワラーヌのパンで、クロック・ムッシューはもうけもんです！

### 藤森流パンレシピ

## クロック・ムッシュー（Croque-monsieur）

◎材料
パン・ド・ミ（食パン）… 数枚（厚さ1.5〜2cm）
ベシャメル・ソース
　乳 … 350ml
　バター … 50g
　薄力粉 … 50g
　塩、コショウ、ナツメグ … 少々
ハム、グリュイエールチーズ … 適量
パプリカパウダー … 少々

◎作り方
　ベシャメル・ソース
・鍋にバターを溶かし、薄力粉を入れて、弱火で充分加熱する。牛乳を少しずつ加えて、ペースト状に伸ばす。塩、コショウ、ナツメグで味を調える
・スライスしたパンに、ベシャメルソースを塗り、ハム、チーズを乗せ、もう一枚にもベシャメル　ソースを塗ってはさむ
・はさんだパンの上面にもソースを塗り、チーズを乗せ、パプリカを振り、オーブンでしっかり焼く

◎「ブーランジェをやってて良かった!!　その2」
　1994年夏、いつもの様に銀座「ドゥース・フラン」でパンを作っていると、電話が鳴り、出てみると「三宅デザイン事務所」からでした。最初は、何かパーティーのケータリングの注文かなと思ったら、電話の相手が代わり、「三宅一生と申します」と渋いカッコの良い声でした。
　電話の内容は秋・冬のパリコレで使うパンの帽子を作って欲しいとの依頼で、私は二つ返事でOKしました。
　その日から仕事が終わったら夜遅く迄、飾りパン生地や田舎パン生地 etc.で編んでみたりくり抜いてみたりの試行錯誤の毎日でした。
　ようやく納品日迄にカンカン帽風、山高帽風、カウボーイ風、ハンチング風、麦わら風、シルクハット風と全部で20コ近く色とりどりのパン生地の帽子が出来上がりました。
　パリコレも終わったある日、三宅一生さんからお礼の電話があり、後日、作品のアルバムまで頂きました。今でもかけがえのない経験だったと思っております。
「パン屋をやってて良かった!!」

Bon appétit !　　　NO.89
　　　　　　　　OCTOBRE 1997

## ビゴの店の"フランスで出会ったパン・お菓子物語 その1"
## ブルターニュ地方のお菓子「クィニィ・アマン」の巻

6年前、ブルターニュ地方の片田舎を車で走っているとエルクィー（ERQUY）という町の交差点に、お土産屋風のお菓子屋「La Biscuiterie de la Côte d'Emeraude（ラ ビスキュトゥリィ ド ラ コート デメロード）（エメラルドの海辺のお菓子屋）」がありました。20台以上駐車できるパーキングがあり、平屋のガラス張りのスーパー風で入口に籠があり、欲しい商品を選べるといった具合です。

ブルターニュ地方の特産クレープ用のソバ粉、リンゴから1日経って発酵性のシードル、代宮山シェ・リュイの平井社長の大好きなカルバドス、海の幸のスープ スープ・ド・ポワソン、クッキーのようなガレット・ブルトン、ワインの味がおるジャム（コンフィチュール・ヴァン）、その他、地方色豊かなテーブルクロス、リエット、置物の人形、絵ハガキなど所狭しと並んでおります。

私は、日本の知人にお土産を買う時は、主にこのブルターニュ地方、アルザスへ行って買求、何故かと言うと、フランスの中でもこの地方のカラーが一番豊だからです。その中で私の目に止まったのは、直径15cm位の丸く平べったい上に砂糖がかかっているお菓子でした。これがクィニィ・アマンとの最初の出会いでした。食べてみると、ちょっと硬くモソモソしており上の周りは、砂糖が固まった様でパリパリしておりました。いかにも甘くないこのお菓子、食べて行くうちに甘さが適度でちょっと締った味に変りました。お店の人に聞くとイーストも使っている菓子で有塩バターをたっぷり込んでいるそうです。調理で味が締っているはずです。食い終わってみて何でもなくクセ後を引かれるような味でした。ポルトで1年前の"カヌレ"と出会った時も、そんな印象がありました。食べ終わった後、友人でフランス菓子評論家の大森由紀子さんが前に話していたお菓子で"これだったんだ！"と思い出しました。日本に帰ってさっそく試作してみましたが、中々納得できる食感が出ず苦労しておりました。そんな時（3年前のフランスのバターが解禁になった時）、フランス、エシレの有塩バターを味見して、ピーンと来ました。"このバターだ！"。さっそく試して作ったのが、現在飯倉店・野沢店・西荻（ムッシュ・ソレイユ）に並んでいるクィニィ・アマンです。少しビゴ風にアレンジしてあります。どうぞ、一度お試し下さい。

クィニィ・アマン
砂糖をかけた酵母菓子

### Information

飯倉店・野沢店・西荻（ムッシュ・ソレイユ）より
ビゴの"秋の収穫祭"Vintage
10/25(土)～11/9(日)

● パン・ケーキの秋のメニュー盛沢山！
● 野沢店のカフェ・ド・ビゴでは、特別メニューを添えましたので、ボジョレー・ヌボーをサービス！
● ささやかではございますが、ご来店のお客様にプレゼントをご用意致しております。
～ご来店をお待ち致します。～

フランスに負けない美味しいワインを作っている"中央葡萄酒"より
"グレイスワイン収穫祭"
10/12(日) 9:30～16:30
秋のお庭の中で、ぶどう畑で、ジャズの演奏をBGMに今年できたてのワインを楽しんでみませんか！ワインに合うお料理、ガラスカット実演やチーズ教室もあります。

(どこ)中央葡萄酒 (株)
東山梨郡勝沼町等々力173
0553(44)1280
(入場料) ¥500

JR勝沼駅より
徒歩で90分
らき山駅、塩山駅より
タクシーで15分

| | | |
|---|---|---|
| BIGOT | 飯倉店　フランソン飯倉81　03(3561)6205 | <10月のお休み>　8(水)・15(水)のみ |
| | 野沢店　田園都市線野沢　044(866)7800 | 6(月)・13(月)・20(月)・27(月) |
| | ムッシュ・ソレイユ　西荻窪　03(3301)1962 | 6(月)・13(月)・20(月)・27(月) |

## ⑱
# 食材に事欠かないのが、プロヴァンス〜シュド・ウエスト

フランスは確かに食の宝庫といわれますが、いざ食べ物で、お土産でも買って帰ろうと思ったら、限られるみたいで、なかなか見つかりません。その点イタリアのほうが楽です。

そんな中でも、プロヴァンスからスペイン国境近くのラングドックの食材は、パンと相性の良い物が数多くあるようです。

バジルなどのハーブ類、塩味のしっかりしたグリーンオリーブ、セミドライトマトのオリーブオイル漬け、アンチョビ、黒オリーブペーストのタップナード、赤ピーマンの酢漬けなど、うきうきしてきます。

そんな食材と一緒に、あるいは料理の中に入れたりして、色々なメニューにしても良いでしょう。

そんな南フランスのパン屋さんで見つけた幾つかのメニューを紹介いたします。

### 藤森流パンレシピ

## プチ・パン・ド・カンパーニュ　トロンペット茸とオニオン入り（Petit pain de Campagne aux Trompettes et à l'Oignon）

◎配合　17〜18個

ライ麦粉 … 500g ⎤
フランスパン専用粉 … 500g ｜
インスタント・ドライ・イースト … 8g ｜ ①
ビタミンC … 1cc ｜
モルト … 2g ｜
水 … 600cc ⎦
オニオン（ソテーしたもの）… 100g
ドライトロンペット（水に戻したもの）… 80g

◎作り方

・①の材料を手捏ねで5分ほど捏ねて、オニオンとトロンペットをいれ、更に5分くらい捏ねる。捏ね上げ温度　24℃

- フロアータイム　　60分
- 分割　　80g
- ベンチタイム　　30分
- 成形　　ブール型
- ホイロ　　60分（28〜30℃、75%）
- 焼成　　上235℃、下215℃、18分、スチームあり

### 藤森流パンレシピ
## パータ・ピザ（Pâte à pizza）

◎配合
強力粉 … 1000g
塩 … 20g
上白糖 … 20g
インスタント・ドライ・イースト … 10g
オリーブ・オイル（ピュア・オイル）… 120cc
水 … 600cc

◎工程
- オリーブ・オイル以外の材料をすべて混ぜ合わせる
- 30秒経ったころに、オリーブ・オイルを入れて、更に捏ねる
- トータルで8分ほど捏ねる

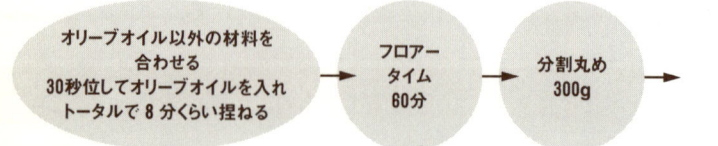

オリーブオイル以外の材料を合わせる 30秒位してオリーブオイルを入れ トータルで8分くらい捏ねる → フロアータイム 60分 → 分割丸め 300g →

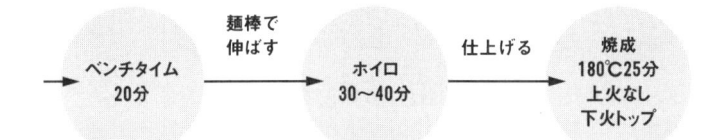

```
→ ベンチタイム  麺棒で伸ばす  ホイロ     仕上げる   焼成
   20分                    30〜40分              180℃25分
                                                上火なし
                                                下火トップ
```

　上記のピザ生地で作るピザも美味しいですが、以前ニース（Nice）のビストロで、ブリオッシュの生地を丸く伸ばしてピザ台にしていました。味がまろやかで、案外いけました。

　それがこの後ご紹介する「Pissaladière（ピサラディエール）」です。

### 藤森流パンレシピ
## ピサラディエール（Pissaladière）

　モンペリエの友人が、「美味しいから」と言って、遊びに行ったときに、作ってくれました。

　塩分が不足しがちな夏によく見かけます。

　ピザ生地で作ってもよいし、余ったパン生地でもいいです。

　友人の、フランス菓子研究家の大森由紀子さんの本に、ブリオッシュで作った、美味しそうなピザラディエールが出ておりました。

　今回は、ブリオッシュ生地を薄く天板1枚分（30cm×25cm）に伸ばしました。

◎配合
（アパレイユ）
たまねぎ（スライス）… 3〜3.5個分
砂糖 … 30g
バター … 30g
トマトソース … 50g

塩、コショウ … 少々
アンチョビ … 60〜80g
グリーンオリーブ（飾り用）… 適宜

◎工程
1．たまねぎのスライスを砂糖、バターとともに、黄金色になるまでソテーする
2．トマトソース、塩、コショウして、天板に敷いた生地の上に敷き詰める
3．格子状に細かく切ったアンチョビを並べ、間にグリーンオリーブを飾る

---

**藤森流パンレシピ**

## クリスマスのブリオッシュ・プロヴァンス風(Brioche Povençal de Noël)

◎配合
強力粉 … 750g
砂糖 … 40g
フランスパン発酵生地 … 200g
牛乳 … 400cc
卵黄 … 12個分

蜂蜜ラベンダー … 50g
オリーブオイル … 70g
バター … 100g
セミドライフルーツ
　アプリコット ┐
　ポワール　　 │ … 各100g
　フィグ（黒） │
　プルーン　　 ┘
マロン・オ・ナチュレ … 100g

スライスアーモンド … 50g
松の実 … 50g
ピスタチオ … 30g
ヘーゼルナッツ … 30g
胡桃 … 40g
フルーツミックス … 200g
(パイナップル、オレンジ、チェリー、レーズン)

◎作り方
・フルーツミックスは、余分な砂糖分を水で洗い落とす
・セミドライフルーツは、大きめにスライス
・バターは柔らかめ

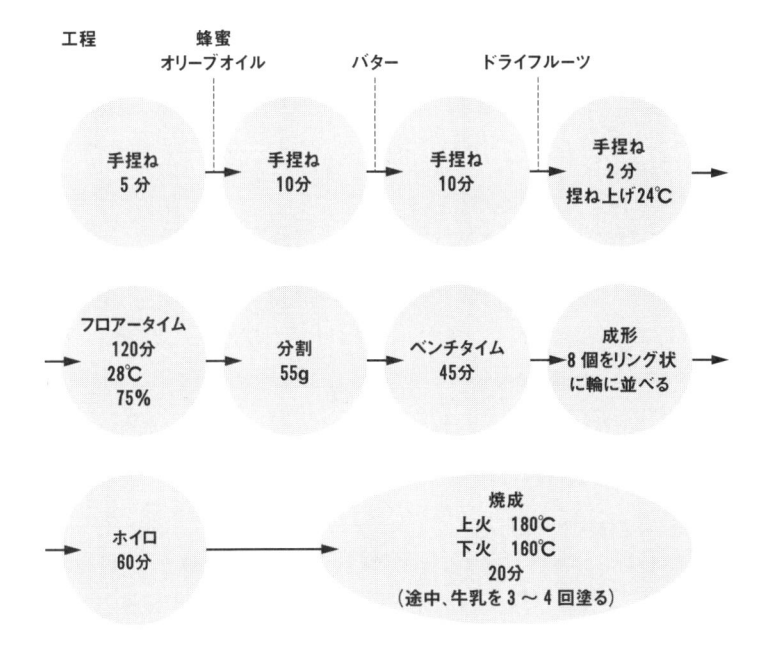

| 工程 | 蜂蜜 オリーブオイル | バター | ドライフルーツ |
|---|---|---|---|
| 手捏ね 5分 | 手捏ね 10分 | 手捏ね 10分 | 手捏ね 2分 捏ね上げ24℃ |

フロアータイム 120分 28℃ 75% → 分割 55g → ベンチタイム 45分 → 成形 8個をリング状に輪に並べる →

ホイロ 60分 → 焼成 上火 180℃ 下火 160℃ 20分 (途中、牛乳を3～4回塗る)

◎仕上げ
　軽く粉糖をかけ、真ん中をアンゼリカ、セミドライフルーツ類、セルフィーユの葉で飾る

### 藤森流パンレシピ
## フーガス・プロヴァンサル（Fougasse provençal）

◎配合
フランスパン専用粉 … 500g
フランス産小麦粉 … 500g
インスタント・ドライ・イースト … 6g
モルト・シロップ … 2g
塩 … 20g
ドライバジル … 6g
グリーン・オリーブ（仕上げ用）

◎ポイント
　捏ねすぎてコシをつけないこと（捏ね上がり24℃）
　サク味のある食感が欲しい

**工程**

グリーンオリーブ以外の材料を捏ねる 5分 → フロアータイム 90分 → パンチ（ガス抜き）フロアータイム 60分 → 分割丸め → ベンチタイム 30分 → 成形 → ホイロ 60分 →

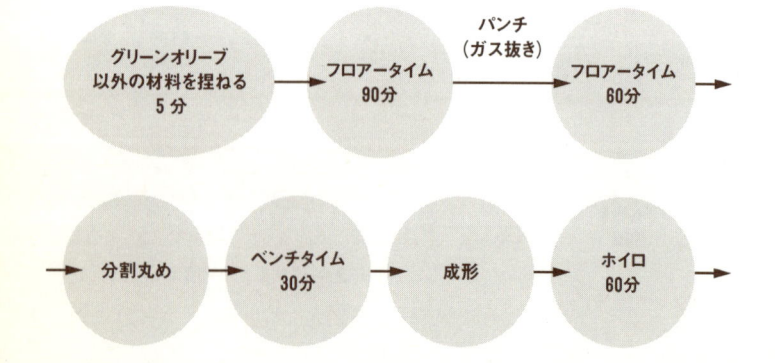

焼成
220℃
20分

成形は麺棒で薄く延ばし、角の丸い三角形にし、先端の中ほどに数本の切れ目を入れて、半割りのオリーブを乗せる

◎ポイント
　パン・トラディショナルの生地の中に、思いっきりグリーンオリーブを入れて、クープをフーガスみたいに入れるパンもあります。

### 藤森流パンレシピ
## プロヴァンサル風オードブルケーキ(Cake salé provençal)

◎材料　パウンド型2個分
ブラックオリーブ…60g
グリーンオリーブ…70g
三色ピーマンの酢漬け…50g
ボンレスハム…120g
薄力粉…110g
塩…一つまみ
荒挽き黒コショウ…1g
BP…6g
全卵(M)…3個(160g)
バター(柔らかく)…50g
水…15cc

◎作り方
① オリーブは半割り、三色ピーマンは1cmの角切り、ハムは

角のさいの目切にする
② 薄力粉、塩、コショウ、BPを一緒に2回振るう
③ 卵を1個ずつ加え、ついでバターと水を加えてから、すべての材料と共に合わせる
④ 冷蔵庫で30分寝かせる
⑤ 200度のオーブンで40分焼成

◎シェフFUJIMORIがセレクトする究極のフランスみやげ！
（BEST5）
１．クリスティーヌ・フェルヴェール（アルザス）のコンフィチュール
２．パリ・サンジェルマンのサッカーのユニフォーム
３．クグロフの飾り用ムール（<u>型</u>）
４．ガレット・ブルトンヌ（ブルターニュ地方のサブレ）
５．マルセイユ特産シャボン（石っけん）
<u>番外</u>、迷っている人は、パリのデパート「ボン・マルシェ」の食料品売場「グラン・エピスリー・パリ」へ行って下さい。必ず見つかります。絶対に…!!

Bon Appétit ! NO.102 AVRIL 1998

## "ビゴのパンとあの人、この人 NO.2"
「フランス料理の偉大なシェフ、故 アラン・シャペル氏。」

4年程前、ムッシュ・ビゴと二人で フランス・リヨンの北、ミヨネーという小さな村を訪れました。私は前の晩から緊張して、あまり寝つけませんでした。それは、この日、ミシュランが過去 レストランに唯一 四ツ星を付けたという このアラン・シャペルであったという、えのシャペル氏に会えるのです。レストランのエントランスに入るとムッシュ・ビゴの顔なじみの支配人、イバンス氏が我々を迎えてくれました。この方も身のこなしのスマートな素晴しい支配人です。貴賓室に案内され、しばらくすると巨匠 シャペル氏が現れました。私は、直立不動で普段でしたら もう少しまともなフランス語で挨拶できるのに、この時ばかりは、何を言ったか覚えていないくらいでした。そんな私にシャペル氏は、シャンペンとカシューナッツを手渡して リラックスさせようとしてくれました。物静かな語り口がとても重みに感じました。シャペル氏が東京に来ると必ずビゴのパンを注文してくれました。それが今でも私の心の支えになっております。それだけにパン一つ一つに対する思い入れを普段からキチッとしなければ いけないと思います。レストランを去る時、シャペル氏は、一冊の著書をお土産にくれました。
「レセットを越える料理」、つまりレセット通りキチッと料理しその上心に込める事でそれ以上の料理ができると言った意味です。日本に帰って2ヶ月がかりで訳して読みました。最後に握手して頂いた手の大きさとぬくもりは、一生の思い出です。後からわかったのですが、私は、フランスで最後に会った日本人だったそうです。
私の心の思い出の一つです。 ＜合掌＞

| (Information) 4月の"ビゴの教室"ご案内 | 会場は、鵠沼店1Fサロンです。(担当 中村) | |
|---|---|---|
| 15 (水) 11:00〜13:00 | チーズセミナー チーズの紹介とチーズとパンの美味しいレシピ 「パンのチーズクラフティ」 (¥3500) | (株)フェルミエ 斉藤郁子さん |
| 18 (土) 11:00〜13:00 | パンを美味しく食べるセミナー 「パンとフランス食材を使ったピクニック・ランチ」 (¥3500) ※18日・19日は失望がいっぱいになりました。 | (株)ブリックトラディシォン |
| 19 (日) 11:00〜13:00 | 紅茶のセミナー 基本編 紅茶の美味しい入れ方と手順等 (¥3000) 「フレッシュ感のあるミルクティ アイリッシュ」 | (有)サンタマリア 吉崎綾子さん |
| 22 (水) 11:00〜13:00 | ハーブと香りのセミナー「体に優しいハーブティの美味しい入れ方と楽しみ方」 (¥3000) | アロマライフ講師 神木麻川順子さん |
| 25 (土) 13:00〜16:00 | アートフラワー 5/2のすずらん祭にちなみ、道端のすずらんを使って愛にかけられるブランジェ作りに (¥3000＋材料費¥1500) | (株)クレール 土屋ちとせさん |

| 鎌倉 BIGOT | 飯田店 フォンタンヌ飯田坂1F | 03(3561)5205 | 水くもり日 定休日 |
|---|---|---|---|
| | 鵠沼店 田園調布鵠沼 | 044(866)7800 | 月より日 〃 |
| | エスプリ・ド・ビゴ玉川田園調布店 | 03(3722)2366 | 水くもり日 〃 |

プロヴァンスの山奥「リエス」のラヴェンダー畑にて、ほんとうのプロヴァンスです!!

フランス国境スペインの「レ・スカラ」のアンチョビー工房にて

## ⑲ 手軽で簡単、家庭で作れるキッシュ・ロレーヌ

フランス　ロレーヌ地方の代表的な料理（？）です（軽食的なもの…）。

パータ・フォンセ（練りパイ生地）を型に敷き詰め、中に、生クリームと牛乳、塩、コショウ、オニオンをスライスし黄金色にソテーしたもの、チーズ、ベーコンを入れるのがオーソドックスなものです。

地元のロレーヌ地方では、具はベーコンのみが多いそうです。フランスの家庭料理という感じです。

ですから、シャルキュトリー（惣菜屋）にもいっぱい並んでおります。

私の好きなパティスリー、ジェラール・ド・ミュロさんの作るキッシュ（「ミュロ」では正確にはトゥルートと言ったと思います）は、なかなかいけます。

他と違って、背が高くどっしり、具もいっぱい入っています。パリの日曜の朝、彼の店に行くと、彼自らが作って、店頭に並べております。

また、クロック・ムッシューと並んで、カフェの定番メニューです。

小腹の空いたときには最高です。ぜひご家庭でも作って、「あなたの味」メゾンのキッシュを作ってください。

**藤森流パンレシピ**

# キッシュ・ロレーヌ(Quiche Lorraine)

◎材料　約15cm 3台分

「パータ・フォンセ」

薄力粉 … 500g

塩 … 6g

砂糖 … 12g

バター … 250g

水 … 160cc

「キッシュ・ソース」
生クリーム … 500ml
牛乳 … 500ml
全卵 … 4個
卵黄 … 2個
塩 … 7.5g
ブラック・ペッパー … 2g
ナツメグ … 2g
「フィリング」
ベーコン（細かく切っておく）… 100g
オニオンソテー … 1/2個分
シュレットチーズ … 200g

◎作り方
・ボウルに水以外の材料を入れ、混ぜるように捏ねる。その時バターは小刻みにちぎって入れる
・水を少しずついれ、ざっくり混ぜる
・ラップに包み、冷蔵庫で2時間程休める
「パータ・フォンセ」
・休めたら麺棒で薄く（厚さ約2.5mmくらい）伸ばし、セルクルに敷き詰め、ペティ・ナイフで空気穴を開ける。ふちは型より高くする
・60分休ませてから、アルミホイルを中に敷き、豆などの錘(おもり)をのせ、170℃のオーブンで15～20分ほど空焼きする
・空焼き後、細かくスライスしたベーコン、オニオンのソテーやチーズを並べ、キッシュソースを流す
・170～180℃　当初は、下火を強く、約30～40分焼く

◎ポイント
　エピナール（ほうれん草）の塩、コショウ炒めも、具として美味しいです。

スイスのチューリッヒにある「シュプリングリー」の2Fカフェにていつでもどこでも小さなパンナイフを持ち歩いてパンをカットして味見してしまうのがパン屋の習慣。最近空港のチェックがキビシイので要注意。

## ⑳ ビゴの店では パティシエの 仕事でした

デニッシュ・ペストリー（Danish pastry）は書いて字のごとく、デンマーク風の甘いパンです。
　でも本当は、オーストリアのウィーンで生まれたとの説がありますが、フランスではデンマーク風＝Danoise（ダノワーズ）などの呼び方をされております。
　フランスで仕事をしていると、ブーランジェよりパティシエの範疇の仕事みたいです。
　昔、ビゴの店の芦屋に入社した時、私はパティシエとして入りましたが、最初この仕事に回されました。
　私たち日本人には向いている感性で、このジャンルはフランス人より上ではないかと思っております。
　2002年のクープ・デュ・モンド・ド・ラ・ブーランジュリー（ベーカリー・ワールドカップ）で、我々日本チームは、初優勝の快挙を成し遂げました。
　ハード部門の菊谷選手の作品も、飾りパンの渡辺選手の作品もすばらしかったのですが、各国審査員の目は、キャプテン山崎選手のヴィエノワズリーに集まりました。
　前回優勝のアメリカチームのヴィエノワズリーが、今までで一番評価が高かったのですが、今回の山崎選手の作品は、それをすべての面で上回りました。
　最近ではパティスリーの店頭にも、色とりどりのフレッシュなフルーツを乗せたデニッシュが、並んでいます。以前からのクロワッサン、パン・オ・ショコラ、ブリオッシュなどのアイテムは、既に定着しております。あの自由ヶ丘モンサンクレールの辻口シェフも「ビゴの店」のベースを持ち、当時一緒に働いていました。現在たまプラーザのデフェールの安喰シェフは1カ月もビゴの店で研修しました。現在彼らの作るデニッシュは我々も感心するレベルの発想です。さすがカリスマパティシエです。

**藤森流パンレシピ**

## デニッシュ（Danish）

◎配合

フランスパン専用粉 … 700g ⎤
強力粉 … 300g
砂糖 … 120g
塩 … 20g                              A
脱脂粉乳 … 50g
生イースト … 50g ⎦
全卵 … 5個
水 … 250cc
練りこみバター（無塩）… 30g
折込バター（無塩）… 550g

◎作り方

1. Aに全卵と水を加えて、手捏ねで5分、均一に混ざったら、練りこみバターを加えて、滑らかになるまで、更に捏ねる。
   （トータルで約10分くらい）　捏ね上がり、25℃

2. 温度28～30℃、湿度75%のところで約90分発酵させる
   （冬と夏では発酵時間が少し変わります）
   生地が約2倍くらいの大きさになればよい

3. 生地を折りたたむようにしてガスを抜く

4. ビニール袋で包み、120分ほど、冷蔵庫および冷凍庫で生地が冷え休まるまで寝かす

5. 冷えて休まった生地を、厚さ2～3cmくらいの菱形に大きく伸ばす
   （四隅がやや薄めで中央が厚めになるように）

6. 中央に一回り小さく伸ばした折込用バターを置き、四方の角を中央に寄せ合わせ、バターが全体にいきわたるように麺棒で伸ばしながら包む

シャンパンで有名なランス（Reims）で評判のブーランジュリー「ル・フール・ア・ボワ（Le four à Bois）」ここのルヴァンはオススメです。

パリで日本人ブーランジェ達がたよりにしているパリ北駅近くのブーランジュリー「ラ・バゲット・パリ」のオーナー、ジャック・タピオ氏。私が「ボーンジュール」を言いに行く一人です。

日本のフランスパンの普及にはなくてはならないパンニュース社の社長西川多紀子さんのフランスからの叙勲パーティー（フランス大使館）にて。左はブロートハイムの明石さん。

パリの有名ブーランジュリー「ムーラン・ド・ラヴェルジェ」。粉にこだわるパン屋さんはパリではノーマルになりました。

ブルゴーニュ地方のヴォナスにある三ツ星「ジョルジュ・ブラン」に泊った時、朝のマルシェで見つけたハチミツ屋さんの御夫婦。

フランスの地方で日曜日に見られるマルシェのパン屋さん。これで商売になるんですネ〜？

ノルマンディー地方シェルブールの南、サン・ロー（St. Lo）で手造りのパン屋とシャルキュトリー（豚肉・ハム・ソーセージ販売店）をやっているフィリップ・エネ氏。二十年ぶりの再会でした。

フィリップ・エネ氏の二人の息子さん。パパの作ったパンはフランス No. 1 と言ってかじっていました。超カワユイ〜。

7．縦長の長方形に伸ばして、三つ折りにする
8．冷蔵庫で30分ほど休ませる。この様にして三つ折り3回まで休ませながら作業する
   （2日がかりで、前日に三つ折り1回、翌日三つ折り2回のやり方をお勧めします）
9．成形…三つ折り3回、厚さ3mmほどになったら、好みの大きさにカットする
10．ホイロ（温度28℃　湿度75％）で40〜60分ほど発酵させる
11．焼成前に塗り卵を塗り、カスタードクリームなどを絞り、フルーツなどをトッピングし、200℃で15〜20分くらい焼成
12．焼成後、艶出しのシロップを塗り、ナパージュで仕上げる

◎シェフ・FUJIMORIのスペシャリテ

　5年前、フランスで洋ナシの形をした、抜き型を買ってきました。

　その型で抜いた生地に、カスタードクリーム（洋ナシのアッシェ入り）を絞り、スライスした洋ナシをのせて焼き、お店に出しました。

　それが、超ヒットして、今ではBIGOTのスペシャリテになりました。フランスから来たシェフ達も誉めてくれました。

　すごーく売れました。

　そうしたら残念なことに、銀座店の目と鼻の先にある、キッチン・グッズ屋のパン屋さんが、全く同じものを店に並べ始めました。

　これが日本人ですね。

　フランス人はプライドがあるから、絶対同じ物は自分の店では出しません!!

　日本人はすぐに真似をします。

　もっと、クリエイティブにならないと…！

## ㉑ この様なパンは「ビゴの店」のお客さんならではです

フランスでは、一年中通してカキが食べられますが、出来るだけスペルの末尾に「R」がつく月が良いとされています。

9月　セプタンブル（Septemb r e）
10月　オクトゥブル（Octob r e）
11月　ノーヴァンブル（Novemb r e）
12月　デサンブル（Décemb r e）
1月　ジャンヴィエ（Janvie r ）
2月　フェヴリエ（Févrie r ）
3月　マルス（Ma r s）

現に過去、4月初めに「大丈夫かなあ～？」「やばいなあ～？」と思いながら食べたカキに、アタッたことがありました。あたると大変!!死にソ～!!

私のフランス紀行は、車（レンタカー）で廻るため、北フランスのブルターニュやノルマンディーの海岸線をくまなく訪れてきました。

このあたりの地方の代表的なものは、やはり海の幸の盛り合わせ「プラトウ・ド・フリュイ・ド・メール（Plateau de fruits de mer）」です。

大きな金属製の皿に氷が山盛りにされ、カキやムール貝、サザエはもちろん、ツブ貝、巻貝など、フランス人はこんなに貝が好きなのか…というくらい出てきます。

それと必ず一緒にサービスされるのが、黒パン（セーグル）のスライスと、有塩バター、レモンの半割りとワインビネガー（刻んだポワローねぎ入り）です。

フランス人の友人に聞くと、カキやムールなどの貝類にレモンやワインビネガーをかけて食べると、相性が良くて美味しいと言っていました。

（M. BIGOT風の食べ方は、カキにはブラックペッパーが、最高らしい？）

それを参考にして、冬、セーグルパンのプライスカードに「カ

キと一緒にお召し上がりください」と書いたら、結構な反響でした。意外でした。

今でも、あの氷の盛り方は異常だと思います(上げ底?)。

それと、あんなに重いプラトウを片手で簡単に運ぶギャルソンはスゴーイ(尊敬!)。パリのギャルソン達の真骨頂です!

◎シェフ・FUJIMORI おススメのブルターニュ・メニュー
・Petits poissons frits 　小魚を揚げたもの=オツマミ
・Moule marinière 　ムール貝をエシャロットとにんにくで炒め、白ワインで煮たもの
・Soupe de poisson 　海の幸のスープ。身体が温まるよ!

### 藤森流パンレシピ
## セーグル・ルヴァン・ナチュレール(Seigle levain Naturel)

◎配合
ライ麦粉(細挽き)… 700g
強力粉 … 300g
ルヴァン種 … 350g
ビタミンC … 1cc
バルサミコ … 10cc
水 … 700cc

**工程**

10〜12分捏ねる → フロアータイム 60分 (28℃75%) → パンチ(ガス抜き) → フロアータイム 60分 (28℃75%) →

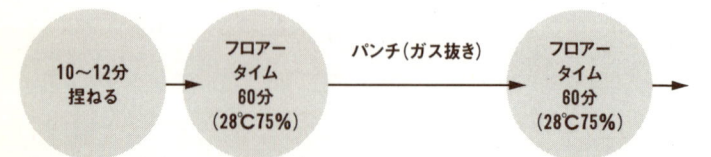

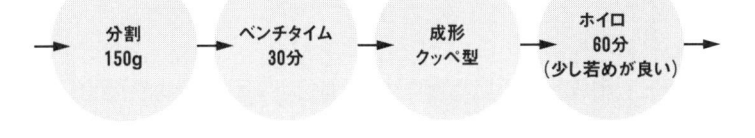

→ 分割 150g → ベンチタイム 30分 → 成形 クッペ型 → ホイロ 60分（少し若めが良い） →

両端にクープ ────────────→ 240℃で25分焼成 スチームは前後たっぷり

## ㉒ シェフ達の思い出がいっぱい

プティ・パン・ア・ランシエンヌ（Petit pain à l'ancienne）このパンに出会ったときの感激は今でも忘れません。

今は確か、愛知県の方でお店をやっている、友人のフランス人ブーランジェ、アラン・クエ（Alain Couet）が来日し、銀座のドゥース・フランス・ビゴで働き始めたときのことでした。彼はコンパニオン（フランスの各地を渡り歩いて働く職人）であの今有名なエリック・カイザーの友達で、若い頃、一緒に本を出した程の腕の持ち主です。

かれこれ、15年くらい前でしょうか？

そのころのメンバーは、私と細田君（'99ベーカリー・ワールドカップ日本代表、現シェフ）、西川君（現在、神戸コム・シノワ、シェフ）、鈴木君（日本菓子専門学校主任教授）、辻村君（現在、横浜港南台TONTON BIGOTシェフ）、久高君（現在、東京西麻布レストラン「ジョージアン・クラブ」シェフ）など、多彩な顔ぶれでした。

パンだけでなく、ガトー、料理にわたる全てが、毎日の会話の内容で、新しいレストランが出来ると、自分たちで焼いたパンを持って行き、料理と食べ合わせて「ああだ、こうだ」言い合っていました。夜の更けるまで、話しながら食べていました。

現在、フレンチのレストラン・シェフの友人が多いのは、このころ、数多くのレストランに食べに行った貯金でしょう。

この時期があったからこそ、みんなの今があると自負している連中ばかりです。

そんな中で、フランスから一人のブーランジェが、我々のアトリエに来たのです。

飛んで火に入る夏の虫!!われわれにとっては、格好の勉強のネタです。

彼の持っている技術からレシピまで、何もかも、モノにしてやろうと、目がぎらぎらしておりました。

その頃、世間では、ようやく天然酵母のルヴァンが注目され始めた頃でしたが、まだお客さんには馴染んでもらえず、店で毎日

作っているわれわれにとっては、もう少し軽いルヴァンはないか？と思っていた矢先でした。

すると、彼がこのパン・ア・ランシエンヌ（pain à l'ancienne）を紹介してくれたのです。

レシピはフランス発酵生地となっていますが、発酵生地とルヴァン種を半分ずつにして、食べやすく工夫してみました（配合の割合を決める時も、皆でケンカ状態でした）。

店に出してまもなく、あっという間に、売れ筋商品になりました。

当時、この手のバゲットは、日本ではBIGOTが頭一つ抜けておりました。

お客様の反応も上々です。間に合わないほどです。

現在、我々のアトリエでは、さらに前日種のポーリッシュ種（液種）にアレンジしております。

このパンには、ありとあらゆるフロマージュが合います。

フランスからどんなVIPが来日しても、このパンを持っていくと、「日本にこんなパンがあるのか…」と驚いてくれます。

そうそう、確か数年前のある映画祭のレセプションパーティーの席で、あの、フランスの俳優、ジャン・レノも、OKサインを出してくれました。お土産に持って帰った程です。やった!!

### 藤森流パンレシピ
## プティ・パン・ア・ランシエンヌ（Petit pain à l'ancienne）

◎配合
フランスパン専用粉 … 950g
グラハム粉 … 50g
インスタント・ドライ・イースト … 5g
ビタミンC … 1cc
モルト … 2g
塩 … 20g

フランスパン発酵生地 … 300g
水 … 700〜720cc

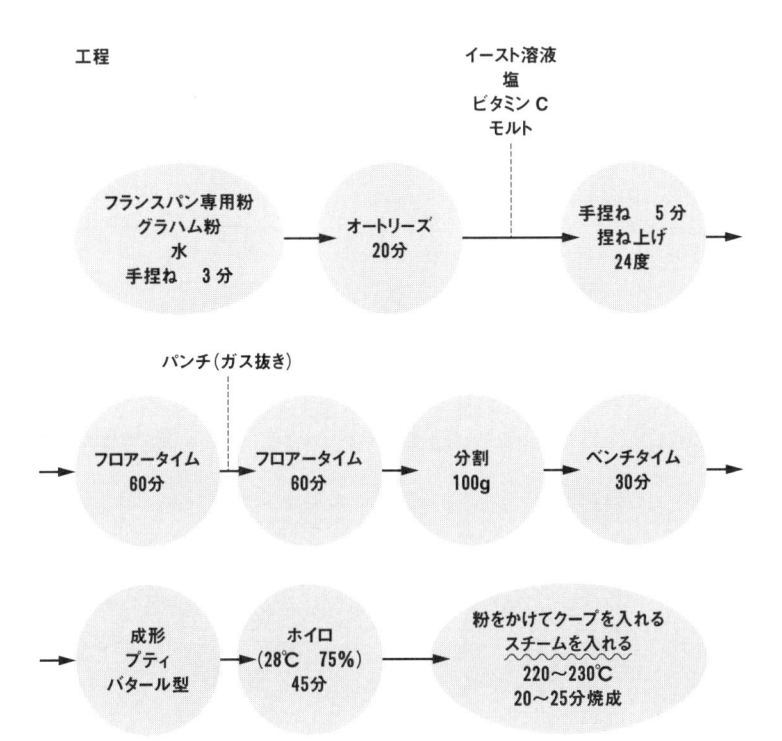

**工程**

フランスパン専用粉 / グラハム粉 / 水 / 手捏ね 3分
→ オートリーズ 20分
→ (イースト溶液 / 塩 / ビタミンC / モルト) 手捏ね 5分 / 捏ね上げ 24度
→ フロアータイム 60分
→ (パンチ(ガス抜き)) フロアータイム 60分
→ 分割 100g
→ ベンチタイム 30分
→ 成形 プティバタール型
→ ホイロ (28℃ 75%) 45分
→ 粉をかけてクープを入れる / スチームを入れる / 220〜230℃ / 20〜25分焼成

## ㉓ フランスのある日曜日

日曜日の朝から昼にかけては、特別な時間のような気がします。

　日本の家庭だったら、お父さんは朝早くからゴルフ、お母さんは日ごろ出来ない朝寝坊。お姉さんは彼氏とデート、弟はサッカーの部活、といった具合に、一家はばらばらです。

　これがフランスの家庭では、日曜日の昼くらい、家族そろって食事をするのが普通です。おじいさんとおばあさんは教会から帰って来るし、お母さんは昼食の準備です。さしずめプーレ（鶏肉）のグリルに付け合せはインゲン豆やジャガイモのソテーといった感じ。

　お父さんはワイン選びと食事の手伝い。それから息子とパン屋に行ってバゲットと、そのおつりでクロワッサンを買ってほお張りながらパティスリーに行き、そこではフレーズ・ド・ボアなどのタルトを買う…

　お姉さんは？というと、午後からの彼とのデートに備えてちょっとお化粧…？

　これがフランスでの一般的な日曜日の過ごし方です。

　パンだけでなく、タルトなどのガトーがしっかりと日常に根付いて、その役目を果たしております。

　実に自然に入り込んでいるのです。

　とにもかくにも、日曜日は遅い昼食（Déjeuner）で、仲間を呼んで夜まで続きます。

「アンビテ・アナミ・ア・デジュネ」"Inviter un ami à déjeuner"＝友人に昼食をごちそうしま〜す

　因みに、プティ・デジュネ（petit déjeuner）＝朝食、ディネ（dîner）＝夕食です。

## ㉔ 初めての方へ
(パン作りのプロセス)

1．計量

　　取扱量が少ないものが多いため、一寸した計量ミスが出来上がりに大きく影響します。

　　その他、温度についても敏感になりましょう。

2．捏ねる

　　粉の種類、あるいはどんなパンを作るかで、捏ね方は変わります。

　　粉、イースト、塩などと、仕込み水を混ぜ合わせ、粉気が無くなるまで手早く混ぜていきます。最初は手にベタベタとくっつきますが、次第にまとまって、生地離れが良くなってきます。バターなどの油脂は、この頃から少しずつ混ぜていきます。このときの油脂の硬さは、やや生地より硬く、温度は少し低いと捏ねやすいです。

　　表面がつるつると滑らかになってきたら、薄く広げてみてください。

　　薄いグルテンの膜が出来て、指紋が透けて見えるようになれば大丈夫です。

3．発酵（フロアータイム）

　　大事なことは、温度と湿度です。きちっと仕込んだ生地は、時間の経過とともに炭酸ガスを発生させて大きくなっていきます。

　　このメカニズムはイーストの項で説明してありますが、イーストが糖分やでんぷんを分解して、炭酸ガス、有機酸アルコールを発生させます（香味成分も排出）。

　　柔らかい生地のほうが発酵のスピードが速いです。くれぐれも、乾燥させないようにしてください。

4．パンチ（ガス抜き）

　　発酵が進んでいる最中、外から力を加えることにより、グルテンの膜の力を強くし、さらにイーストの活動を活性化させます。

5．分割

　　分割した生地は、成形しやすいように整えます。表面をなるべく滑らかにしましょう。生地を痛めないように…。

6．ベンチ・タイム

　　生地を休めることにより、次の成形がスムーズに出来るようになります。捏ね不足、あるいは捏ねすぎなどの生地を、若干調整します。一般的には、20～30分位でしょう。

7．成形

　　形を整え、綺麗にします。生地の締めすぎに気をつけましょう。ここでも乾燥しないように手早く。ここが最後のメーキャップです。

8．ホイロ（最終発酵）

　　生地が再び膨らんで、香味成分が生地の中でさらに発生、充満します。糖分の入る生地は、温度がやや高く(30～32℃)、ハード系なら28～30℃くらいが良いでしょう。発酵途中の乾燥は禁物です。最後の焼成につながる発酵なので、最終的な大きさの80％位迄、膨らめばよいでしょう。少し若めの方が、色つき、風味が良いです。後は、経験です。

9．焼成

「生地の中に火を入れろ」と良くフランスでシェフから言われました。

　つまり下火を上手に使って、中心までしっかり焼け、という意味です。上火は、焼き色や皮を張らせる役目で、パン生地の中に火を入れるのは下火の役目です。

　プロ仕様のオーブンは奥行きもあって、パワーもありますが、家庭用のオーブンは小さく弱いので、最初に、じっくり温度を上げて、予定より高めに設定しておき、後、温度は高め、火力を弱めに保つのがいいと思います。

　それから、扉を何度も開けて見ないこと。温度が一気に下がってしまいます。

# Bon Appétit！

No.109
JUILLET 1998

## BIGOTのスタッフとその仲間達のドイツ・フランス食紀行
## ④ フランス・アルザス地方に入り、ほっとしました‥‥

ヨーロッパ有数の温泉地、バーデン・バーデンは、ゆったりした綺麗な町です。ローマ時代からのカラカラ浴場（ジュリアス シーザーも利用したと言う）などのクアハウスがたくさんあります。次回来る時は、もうすこしゆっくり2〜3日滞在したいものです。お土産げにバスローブを買いました。その後は、一路フランスへ！ライン川（ドイツ）を渡り、アルザス地方のストラスブールの大聖堂が見えて来た時ドイツでのちょっとストレスのつもった旅から開放された気分でした。本日の宿は、「ホテル・ヨーロッパ」、サントル・ヴィーユ（町の中心）の「プティ・タ・フランス」と言う古いフランスの街並と運河のある名所の近くにあります。ここの朝食は、小さなクグロフ（アルザス地方のドライフルーツを使ったイースト菓子）がなったりして、充実しております。部屋は、ゆったりとして仲々のお洒落です。ストラスブールは、このBon Appétit（ボナペティ！）でもお馴染みで今回で3回目です。私の好きな地方です。夕食は、大聖堂の隣り（と言っても大聖堂は、大変大きく、今まで見て来た中でケルン（ドイツ）、シャルトル（フランス）に次ぐクラスです）「ヴェイユ・ストラスブール（古きストラスブール）」と言う名前のレストランです。窓から大聖堂が見える部屋で、地元の白ワイン「ゲヴェルツトラミネール」と旬の太い白アスパラ、そしてお料理かねて、シュークルートです（キャベツの酢漬け、ザワークラフトを使った料理）。「これぞ、アルザス」と言ったメニューです。旅の疲れもぶっ飛びました。わけの解からないドイツ語からも開放され、耳慣れたフランス語で最高の気分です。デセールは、この地方のフルーツ、フランボワズ、カシスなどを使ったタルトとソルベ（シャーベット）です。楽しく食事をしている内に時間も忘れ大聖堂の大時計の22:00の鐘の響きでようやく現実に戻りました。明日は、郊外にあるドルシュレールさんと言うパン・菓子屋を見学に行きます。彼は、パリで3年に1度行われるクープ・ド・モンド（パンのワールドカップ）のフランスの重鎮です。楽しみです。
"Bon nuit！" おやすみなさい！

---

### (Information) BIGOTのギフトのご案内
クッキー、フォンシェ、パウンドケーキなどに加え、ビゴならではの田舎パンやフランス・イタリア・ドイツなどの地方菓子をギフトにいかがですか？

### 食材の店 ランジェスでは
お今年のパスタやペーストのギフトもご用意しています。

- 田舎パン ── ライ麦の入った日持ちのするパンで、ナッツ・ドライフルーツ入りで種類も多く食事パンとしてもお薦め！
- (パン・デピス（ハチミツ・ハーブ入りのスパイシーなパウンドケーキ）、ムソング（レモンケーキ、シュークリューム（あんず姫）をかけて焼いたシュー皮でオレンジの香り）
- ザントクーヘン（ハーブビーンズたっぷりのドイツの焼菓子、しっとり感とザラザラ感が楽しめます。レモン風味）アーモンドクリームと
- パネドリーナ（卵とバターたっぷりのイタリアのパウンドケーキ。あらら粗目ビューラグ）円陛下5000 7/18(土)〜

- サッカーワールドカップ、フランスの優勝にちなんで、かわいいマスコットグッズをプレゼント！
- 12000円以上お買上げの方にマグカップ
- 21000円以上お買上の方にグラス
- プレゼントもあります。

| | | | |
|---|---|---|---|
| BIGOT | 銀座店 | プランタン銀座B1 | 03(3561)5205 | 7月、8月は第2・第3日 休業致します。
| | 第2店 | 田園調布 諏訪 | 044(856)7800 | 27(月)
| | エスカール・ビゴ | 玉川田園調布 | 03(3722)2336 | 15(土)・22(土)・29(土)

## ㉕ パンの風味を かもし出す… 小麦粉

先日、パリのポルト・ド・ベルサイユの見本市会場で行われた、「アンテル・シュックル（Inter Sucre＝お菓子の見本市）」を見に行きました。

　その会場で、日本に、フランスパン文化を広めた粉「リスドオル（日清製粉）」を作ったムッシュー・クロード・ウィルムに会うことが出来ました。「リスドオル」の開発は、大変だったそうです。彼は70才は越えてると思います。苦労話を沢山聞きました。

　今では、フランスから小麦粉を輸入するようになり、どんどん粉のレベルも上がってきておりますが、約35年前の事です。並大抵の苦労ではなかった事でしょう。

　現在、日本では、最強力粉、強力粉、準強力粉（中力粉）、薄力粉と、蛋白の量で分類していますが、フランスでは配分（ミネラルなど）の量で、分類します。

<u>TYPE</u>　　45　　ガトー向き
　　　　　55　　バゲットなどのパン向き
　　　　　65　　コシのあるパン向き
　　　　　80 ⎤
　　　　 110 ｜ライ麦、天然酵母など、
　　　　 150 ⎦田舎パン向き

　フランスには各地方ごとに、中小の製粉会社があり、力が少々足りない粉の時には、グルテンを足したりして、使っております。

　モフ（M.O.F）のドルフェール氏は、地元の粉を大事にして、盛り上げようという運動を行っております。その粉は、クグロフなどのヴィエノワズリー（菓子パン）には向いていますが、バゲットなどには少々物足りない気がしました。でも、彼は良い粉と自慢しております。

　日本の製粉会社、特に大手は、全国大体品質が均一ですが、フランスでは行く先々で微妙に違うため、コンパニオンという、全土を回って仕事をするブーランジェは、行く先々の小麦粉の状態

を見ながら、パンを仕込みます。

ご家庭で作るときは、大きく分類して、

◎強力粉　パン・ド・ミ（食パン）や、ロールパン、ヴィエノワズリー（菓子パン）などに向いています。たんぱく質を多く含むので、ボリュームが出ます。

◎準強力粉（中力粉、フランスパン専用粉）
　　　　　日本のフランスパン専用粉は大体蛋白量が11％前後で、フランスより、やや強く、作業性とボリュームを重視し、灰分は、0.5以下くらいに調整してあります（灰分が多いほど、味にこくが出ます。フランスよりはやや値が低いかも…）。

◎薄力粉　ヴィエノワズリーやパイなど、お菓子系の物で、サクサク感を重視するもの、引きがなく、しっとりさせたいものに使うと良いです。
　　　　　強力粉とブレンドして、独自の食感をかもし出すことが出来ます。

　以前、フランスで働いていた時に、一番驚いたのは、日仏での粉の性質が違うことでした。

　最近では、フランスの粉（ちょっと高いプライスですが）が、輸入されるようになり、日本にいながらにしてフランス産小麦のパンを焼くことが出来ます。実際にそういうパン屋さんが増えてきました。

　パンのクープ・デュ・モンドの我々日本チームは一週間前にフランスに乗り込み、まずその年の粉に慣れる事から始めます。その点、日本はだいたい同じレベルに製粉会社が調整してしまうので、作り手は楽です…。でも個性がないかも…？

# Bon Appétit!
**No.114 OCTOBRE 1998**

## BIGOTのスタッフとその仲間達のドイツ・フランス食紀行
### ⑨ パリは、東京と同じで車がいっぱい……

ソーリューにあるブルゴーニュの三ツ星レストラン「コート・ドール」、ベルナール・ロワゾーシェフの昼食は、ウェイティングバーでアペリティフ（食前酒）を飲みながらたっぷり雑談をした後、きれいなお庭が見えるメインダイニングに案内されました。野菜のテリーヌのオードブルの後に出て来た子羊（カルダニョ）は、ジューシィでとても美味しかったです。昼からお腹がいっぱいになり、結構みんな苦しそうでした。このレストランは、オーベルジュになっており、宿泊もできます。以前来た時は、玄関の横にあるメニューグッズを売る売店は、ありませんでした。バスに乗り、ソーリューの街を後に我々は、オトルートを一路パリへ向いました。1時間走ると右手にフォンテンブローの森が見えて来ました。もうすぐでパリです。オレリー空港が見え始めるとオトルートもやや渋滞（ブション）気味になって来ます。パリの環状線に入ると車が多くて、さき程までの田園風景がうその様です。パリのホテルはポルト・マイヨーにあるエール・フランス経営の「ホテル・メリディアン」です。4ツ星ホテルですが、あまりお薦めできません。荷物をかたづけ、シャワーを浴びて近所のレストランで「プラッター・ド・フリュイ・ド・メール（海の幸の盛合せ）」を軽く食い、FRで10:00から定番、シャンゼリゼのスペクタクル「LIDO（リド）」でちょっと観光客気分を味わいながら、眠い目をこすりショーを観ておりました。昨日は、パリのパン屋さん・お菓子屋さん巡りです。

---

### (Information) Café de BIGOT より（エスプリ・ド・ビゴ、鵠沼店）

秋の読書がいちばん長い夜、パンを美味しく食べたい方へお知らせです。エスプリ・ド・ビゴ（玉川田園調布店）、鵠沼店そしてカフェ・ド・ビゴでは、サンドィッチ各種、パンと相性の良いお惣菜・お料理、そして美味しくゆったり過ごしていただけるよう<u>自慢のコーヒー・エスプレッソをお得な自由価にさせていただいております</u>。スイス・エグロ社のコーヒーマシーンで一杯一杯大切にお届けします。ご友達同士、ご家族、そしてお1人のお客様も、ぜひお越し下さい。お待ち申し上げます。

#### ＜メニュー＞

| | | | | |
|---|---|---|---|---|
| ミックスサンド | ¥600 | ハム&チーズ | ¥700 | |
| クラブハウスサンド | ¥700 | スープ2種 | ¥650〜700 | |
| カスクート（ハム・チーズ・玉ねぎ） | ¥600,¥650 | サラダ | ¥600 | |
| テリーヌサンド | ¥700 | トースト（時季数種あり） | ¥300 | |
| ハンバーガー（アンチョビ・ミックス・オリーブ・トマト・オニオン・チーズ） | ¥700 | ケーキセット | ¥600,¥650 | |
| お惣菜の盛合せ | ¥800 | ブレンド・アメリカン・エスプレッソ | 各¥450 など | |

**ビゴ自家製「コンフィチュール」好評発売中！**
旬のフルーツの香りと風味を大切にして手作りジャムです。甘さをおさえ、添加物など一切使用しておりません。ギフトにもお薦めです。 各¥600

---

| 店 | 所在 | 住所 | 電話 | 営業日 |
|---|---|---|---|---|
| 飯座店 | プランタン銀座B1 | | 03(3561)5205 | ＜10月の休業日＞14(水) a.m |
| 第2店 | 田風荷鵠沼 | | 044(856)7800 | 5(月)・12(月)・19(月)・26(月) |
| BIGOT エスプリ・ド・ビゴ | 玉川田園調布 | | 03(3722)2336 | 7(水)・14(水)・21(水)・28(水) |

## ㉖ 私の お気に入りの、 フランスの 小麦粉

フランス・パリから、南西（オートルートA10-A11）1時間強くらいで、「シャトル（Chartres）」という町があります。
　この辺は、「ラ・ボース（La Beauese）」といって、フランスでも最高品質の小麦の産地です。
　その、シャルトルに、最近日本でも有名になってきた製粉会社「ヴィロン（Viron）」があります。現在は息子さんのアレキサンドレさんが社長ですが、私は亡くなった先代の創業者、フィリップ・ヴィロン（Philippe Viron）さんに可愛がってもらい、夏はバカンスでフランスでも1,2を争う北のリゾート「ドゥヴィール（Deauville）」に招待してもらったことがあります。
　ヴィロンお父さんはパリだけでなく、このドゥヴィールにもパン屋を持っていて、食事の最中も粉のことになると、時を忘れて夜が更けるまでお話をした記憶があります。
　当時、70歳過ぎても中々オシャレで、若いマダムをエスコートしておりました。そのヴィロンさんが、手塩にかけて作った粉…その粉は「レトロ・ドール（Rétro d'or）」といいます。
　手にとって見ると気のせいか、やや黄味を帯びており、約20年ほど前に研修でヴィロンさんのブーランジュリーに入れてもらったとき、その性質に驚いたものでした。
　パリでもこの粉を使っているブーランジュリーは美味しいところが多いです。最近、日本のある会社と契約してお店を出しました。
　でも日本でこの粉を使うと、湿気の関係か、いまいちフランスと同じ感じが出せません。
　これがパン作りの難しいところですね。
　今でも私の心の中に、良い粉作り一筋の故フィリップ・ヴィロンお父さんが生き続けています。

　私は昔から強力粉は「スーパーキング」（食パン系など）、「スーパーカメリア」（食パン、ヴィエノワズリー、ロールなど）。
　中力粉は、「リスドオル」（フランスパン、クロワッサン、フィ

ユタージュなど)。

　薄力粉は、「バイオレット」(ガトー類など)。

　その他に、ライ麦粉、全粒粉など、後は、「レジャンデール」(素朴な風味が気に入って使っています)。「テロワール」(フランス産小麦)などを、自分の気に入るようにブレンドして、使っています。すべて、日清製粉の粉です。やはり、長年お付き合いしての、信用から来るものです。

　後は、丸信製粉の「スワッソン」という粉も、フランスパン作りには良いと思っています。先日この会社が「オーベルジュ」という名前の発売前の新しい粉を持って来たのでバゲットを試し焼きしました。皮が薄く、気泡が粗い美味しいのが出来ました。楽しみです。

　私は「この小麦粉を使えば、こんな味になる…」というよりも、「こういう味を出したいから、この小麦を使っている」という風に考えて、これからもパンを作り続けていくつもりです。

　国内産の麦は一定のレベルの品質を得られないので好きではありません。

フランス・ジュラ地方の山の中の料理学校（シャトーアモンダンス）を訪問の際の一コマ。真ん中のマダムが校長夫人のパスカルで、左がブロートハイムの明石さんです。校長のフレデリックとは超仲良しです。

# ㉗ パンの美味しさを生む…イースト(酵母)

酵母には、イースト（ルヴュール Levure）と天然酵母（ルヴァン Levain）があります。

イーストは小麦粉に比べて、使用量は一番少ないにもかかわらず、一番重要な材料です。

パンのメカニズムは、イーストの中の酵素がパン生地の中で糖分を分解して、炭酸ガスを作り、そのガスを生地（主にグルテン）が包み込んで膨れ、そしてその発酵は、アルコールなども生み出して、美味しさの素になります。

そしてオーブンで焼くことにより、生地が膨れ上がった形で固まり、パンになります。

生イーストと、インスタント・ドライ・イーストがあり、この本では乾燥して日持ちがするインスタント・ドライ・イーストで紹介しております。

インスタント・ドライ・イーストは生に比べ、水分がない分強力です。

冷蔵庫で１年弱は保存できます（開封後）。

僕は、インスタント・ドライ・イーストは日仏商事が扱っている、フランス「ル・サッフル社」の物を使い続けています。

絶対的な信頼をおいて使ってます。


◎扱いを間違えぬよう…塩

発酵の際、イーストの働きをコントロールしたり、味を引き締めたりコシのある生地を作り上げる反面、適量を間違えるとイーストの活動を妨げてしまいます。適量は、生地の1.5〜２％くらいです。


◎イーストの栄養源…砂糖

パン作りに於いて、砂糖はイーストの栄養源となり、発酵を活性化させ、生地を適度に柔らかくさせます。

又、焼き色もつける効果があります。

パンの種類によって違いますが、粉量の３％位が目安で、ヴィ

エノワズリー類は10%くらい入ります。

パンの老化も遅くする役目も持ちます。

※モルトシロップ

> 麦芽糖のエキス。糖分なので、砂糖と同じ発酵を助ける。砂糖のように甘くないため、フランスパンに使用できます。粉の量に対し、0.1〜0.4%くらいが良い。

◎入れないより入れたほうが…ビタミンC

どうしても入れなければだめという訳ではありません。

ビタミンCが入ると、グルテンの構造が強くなり、窯伸びが良くなります。

家庭で作る時は、あまりにも微量なので、一寸難しいかもしれません。

入れなくても、モルトが入れば充分パンを元気よくさせることが出来ます。

◎「ヴィエノワズリー（菓子パン）系には欠かせません…油脂」

バターやマーガリンなどの油脂を生地に加えると、グルテンの伸びが良くなり、ボリュームのあるソフトなパンが出来上がります。

又、硬くなりにくく、日持ちがします。

※ よく「材料にこだわる」という言い方があります。私の「こだわる」という考えは、ダレソレガ使っているという噂で使うのではなく、実際に自分の五感で確かめて使ってみてから良し悪しを判断するものだと思います。

「こだわる」は作り手が言うのではなく食べ手が感じる言葉だと思います。

# Bon Appétit!

NO.138
Décembre 1999

## BIGOTのスタッフによる新フランス食紀行
### 「久しぶりのパリのほんのひととき」

ムッシュ・ビゴのパパの住むブロア (Blois) からT.G.Vで50分。再びパリ・モンパルナス駅へ。パリのホテルはオペラに近いホテル・アンヴァリッドゥル(4つ星)です。このホテルは、オールド・イングランド風のクラシックな雰囲気です。エール・フランスの会員だと1泊1250FFで泊れます。翌日、夕方カンヌ(Cannes)に行くまで少し日時間があるのでパリ・ロワイヤルの辺りを歩いていると前方に見慣れた顔がありました。私が時々講師をしている日本菓子専門学校の入学科主任教授の鈴木先生でした。実は、彼はビゴの店に12年間 左籐して1日本、先生になった仲間です。こんな所で会えるなんて夢にも思いませんでした。彼は、生徒を連れてフランスに研修に来られてシャンゼリゼ口の手前、ジョルジュサンクで降りました。お目当ては、アヴェニューモンターニュにある行きつけの店でスペインの破戒包丁なネクタイの店「ロエベ」です。この通りは、メトロのフランクリンルーズベルトから元英国皇太子妃、ダイアナが亡くなったアルマ・モンターを結んでおります。プラダ、クリスチャン・ディオール、シャネルなどが並び高級ブランド街押しです。ちょうどクリスチャン・ディオールの本店の向いにあるパリでは有名なカフェ・レストラン「Avenue(アヴェニュー)」の前を通るとカフェから呼び止められました。振り向いてびっくり。あのフランス菓子業界の巨匠、ピエール・エルメ氏でした。彼とは、ある洋菓子雑誌のインタビュー以来、一年振りでした。現在は、シャンゼリゼの「ラ・デュレ」をはじめ、ニューヨーク・フランス・東京と忙しく飛び回っております。彼は、私に「何をうろうろしているんだ?」とヴァカンスか?と質問して来ました。「パリにブラックをオープンしないんですか?」と聞くと逆に「お金を貸してくれ」とジョークではぐらかされました。20分位、一緒にコーヒーを飲んで話をして別れました。業界では、とっつきにくい雰囲気で評判ですが、意外と気さくでおもしろいグラン・シェフです。

シャルルドゴール空港からニース(Nice)へ、そしてレンタカーを借り海岸線を左に!カンヌ(Cannes)のホテル「マレディアーズ」(5つ星)に着きました。海辺のホテルです。今夜は、隣町ラ・ナプルの2つ星レストラン「ロアシス(L'oasis)」をリザーブしております。

### Information 本のご紹介 (旭屋出版発行)

● 以前 大々的に宣伝致しましたがビゴの店シェフ、藤森二朗氏がフランスで出会ったパンとお菓子とエッセイと旅の写真、作り方のプロセス、レシピ付の本を12月10日全国書店より発売致します。もちろん、鉄座店・田園調布店、エスプリ・ド・ビゴ玉川田園調布店では、直撃サイン入りで販売致します。お楽しみに!

● 新年のお祝いのお菓子「ガレット・デ・ロア」のご予約を承っております。おいしいフェーブと可愛い人形がついておりリケットした時に当った人は幸せになれると言われ王冠をかぶり祝福されるアーモンドクリームパイ包み、クリスマスケーキと合わせてどうぞ 価格18cm ¥2000

大好評ドミニク・T・ビゴのお菓子教室、12月は締め切ります。次回は1月発、またご案内致します。

| 店舗 | 住所 | 電話 | 12月休業日 |
|---|---|---|---|
| 鉄座店 | プランタン銀座B1 | 03(3561)5205 | 6(月)・13(月)・27(月) |
| 田園店 | 田園調布駅前 | 044(856)7800 | |
| エスプリ・ド・ビゴ | 玉川田園調布店 | 03(3722)2336 | 1(水)・8(水)・15(水) |

友則
BIGOT

3100yen

## ㉘ パンの保存法はレストランに学ぼう!

レストランで夜、パンが残ると、次の日のランチに温めて出す店があるようです。

　知り合いのシェフに聞くと、フランスパンを食べる大きさにカットして、ラップでぴっちり包んで冷凍庫へ。そして翌日熱々の(180℃位)のオーブンに、霧を吹いてアルミ箔で包んだ冷凍ストック・パンを、上向きで2〜3分、下向きで2〜3分と温めなおしてサービスするそうです。

　そうすると買った時と同じように戻るそうです。

　でも、温かいうちは良いのですが、冷めたらやはり硬くなってしまうので、レストラン・ランチのように早めにお召し上がりください。

　本当に美味しく食べられるのは、焼き上がりから2〜3時間くらいです。

　保存する時はビニール袋に入れないで下さい。

　なぜかというと、ビニール袋に入れると、湿気でパリッとした美味しさがなくなり、「フニャー」としてしまいます。

　だから、読者の方にお願いがあります。

　パン屋さんに平気な顔をして、「保存袋ください」と、言わないでください。

　ビニール袋に入れて保存して、フランスパンが美味しいはずがないのです。

　それより、保存袋の習慣がなくなれば、フランスパンのプライスが少し安くなるでしょう。出来ることなら、BIGOTの店にあるように、パンバッグをもってパン屋さんに行ってください。

　日本人の習慣で一番悪いのは、過剰包装です。バゲット1本買って、紙袋、手さげのショッパー、保存袋、ビニタイetc.とこれだけでもバゲットの価格が少しUPしてしまいます。

　ギフト以外のときは考え直してください。

　おねがいしま〜す！

## ㉙ パンとチーズの マリアージュ

パンとチーズの関係は、ご飯と漬物のようなもの。

　両方を一度に味わうことによって、いっそううまみが倍加します。日本のパン屋さんはライ麦パンの生地にカマンベールを包んで焼いたりしてすぐ調理パンにしてしまう傾向があります。

　それぞれのチーズのタイプによってそれぞれ相性の良いパンを合わせれば、さらに味わいは深まるのです。

　フェルミエの本間（FUJIMORIのチーズの先生）さんに、パンとチーズの美味しい関係を教えていただきました。

| パン | チーズのタイプ | チーズ |
|---|---|---|
| バタール、バゲット | 全てのタイプ | ブリ・ド・モー、ロックフォール、エポワスなど、あらゆるタイプのチーズと相性が良い |
| セーグル・ノア・レザン（胡桃、レーズン入りのライ麦パン） | シェーブル（山羊） | サント・モール、ローヴ・デ・ガリック、セル・シュール・シュール、クロタン・ド・シャビニョルなど |
| バゲット・ア・ラシエンヌ（ライ麦とルヴァン種の入った昔風バゲット） | 白カビ、ウォッシュ | ブリ・ド・モー、ブリ・ド・ムラン、エポワス、マンステール、リヴァロなど |
| パン・ド・カンパーニュ（胡桃入り、イチヂク入り、プルーン入り） | ハード、セミ・ハード、ブルビ（羊） | ボーフォール、コンテ、サレール、ルブロッション、オッソ・イラティー、プティ・バスクなど |
| パン・オ・ルヴァン（ルヴァン種独特の酸味） | シェーブル、ブルビ（羊） | ピコドン、シャビシュー・ド・ポワトウ、オッソ・イラティー、プティ・バスクなど |

　本間さんは日本のチーズのパイオニアです。フェルミエのチーズもさることながら、彼女の著書を読むと非常に勉強になります！一度フェルミエをのぞいてみて下さい。

## 30
# ようやく来た!
# ガレット・デ・ロア

初めて、ガレット・デ・ロアを作ったとき、なんとなく特別な予感が脳裏に走りました。

多分、このお菓子と私は、切っても切れない関係になるんじゃないか…？

その予感はあたりました。

毎年12月末から1月にかけて、多分私は、日本中で一番「ガレット・デ・ロア」を作っているのではないかと思います。

フランスでは、パティスリーでもブーランジュリーでも、1年の初め、1月6日のエピファニー（カトリックの新年の行事）あたりから、どんどん売れ始めます。1店で500台くらい売れる店はざらです。

日本でも、芦屋「ビゴの店」でガレットを作っていた20年程前は、売れても1日10台くらいでしたが、今では東京店で1日100台以上売れるときもあります。

ずいぶん日本にも根付いてきたと思います。

お菓子の中に幸福を占う小さな陶器の人形が入っていることは、日本のおめでたい新年の時期にも合うのでしょう。

フランスでは、この時期に家族、友達、職場などで、誰でも2～3個くらいはガレットを食べるのではないでしょうか。

それだから、中に本格的なクレーム・ダマンドや、フランジパニーヌ（クレーム・ド・パティシエール＋クレーム・ダマンド）だけでは物足りず、ガナッシュや、ピスターシュや、マロンクリーム等、違った雰囲気のものが増えてきました。

そこで、ガレットに人一倍思い入れのある私は、島田シェフ（パティシエ・シマ）や、永井シェフ（ノリエット）、藤生シェフ（パティスリー・フジウ）達と一緒に、[Club des Galette des Rois（ガレット・デ・ロアの協会）]を作りました。

この会は、いつでもガレットを中心として、本格的な伝統菓子を作りつづけて行こうという、熱心な人の会です。

2004年1月には、フランス大使館でセレモニーを行い、フランス大使にも名誉会員になっていただき、かなりの脚光を浴びまし

た。
　セレモニーは、毎年1月に必ずやります。
　年が明けたら、ガレット・デ・ロアを食べましょう。
「Galette des Rois」ですよ!!
　そして運よくフェーブが当たったら、
「おめでとうございまーす！」

◎「ブーランジェをやってて良かった!! その3」
　私は毎年2回はフランスに行きます。まぁ一応仕事・研修としてますが、メインは「食べる」事でしょう。以前、フランスをスタッフ達と回って日本に帰る時、パリ・シャルル・ドゴール空港のエール・フランス・カウンターでチェックインの時スタッフがバゲージの重量オーバーでした。担当のムッシューが「手荷物にナイフは有りませネ？」と聞いたので「私はブーランジェだから、いつもは持っているけど乗る時はバゲージにしまってる」と答えました。そうしたら「日本のブーランジェか？どこの店？」と聞くので「Chez　BIGOT」と答えると何と彼のマダムがムッシュー・ビゴの友人のパン屋さんで働いているらしく、何もおとがめなし！ラッキーでした。それどころか、飛行機に乗る時、彼が来て、チケットを「今日はすいているからビジネスクラスにどうぞ…。」と変えてくれました。ダブルラッキー！でした。
「パン屋をやってて良かった!!」

# Bon Appétit!

**No. 186 / NOVEMBRE 2001**

## ~ビゴのシェフ fujimoriの夏のヨーロッパ・フランス食紀行 No.7~
## "ジョルジュ・ブランの食材ブティックは すごい！"

スイスから、再びフランスに入り、ブソンソンの友人の料理学校「シャトー・モンダンス」のメディック氏にボンジュールを言った後、リヨンの近くの名店 アラン・シャペル に 立ち寄り 翌日、食事の鶏で有名なブール・アン・ブレスに近い、3ツ星レストラン「ジョルジュ・ブラン」でランチを予約しました。ヴォナス (VONNAS) の町に到着して ジョルジュ・ブランの前の広場（町の中心）に来てみて びっくり!! レストランの隣は オーベルジュ（ホテル）、石斜め隣りは 昔の店がビストロになっており、その横は オリジナルのエプロン、ナプキン、テーブルクロス、ナイフ、フォークなど レストラングッズの ブティック。レストランの広場をはさんで正面には、食材、コンフィチュール、びん・缶詰め、パン、食の本 などのエピスリー（食料品店）、その隣りは 大きなワインセラーの あるワイン・ブティック。するど、ジョルジュ・ブラン村 のようです。これだけでも、見にゆく価値があります。レストランに入り、石畳の川沿いのアプローチは、キッチンが見えるようになっています。メインダイニングは居心地のよさげな 雰囲気っぽい。白のレンガ風の床・天井は、木造の太い ハリも見えております。アミューズは パセリのピュレに カエルの小さな足のフリット（揚げたもの）。これは絶品でした。オードブルは、6種類の温野菜のテリーヌ風。メインは、地元の鶏をロティス（あぶり焼き）した 皿です。鶏は肉が柔らかく、味がやさしく、とてもピュアでした。当日は、パリのシャルル・ド・ゴール空港に 知人が夕方、到着するので ランチは、午後1時半くらいまでに 何とか食べ終わらなければなりません。この様な店は 泊まりがけで 楽しみたい店です。

テーブルを終わり、急いで 400km 離れた Parisへ。運転（いつもレンタルするルノー・エスパス）で 150km/h 平均で、約3時間半で走れるだろう。こんな強行軍もフランスで、しばらくで、パリ時代は 苦労もありましたが、今夏、9月5時半の飛行機到着までに 合わせた、今回の旅行の最後は、なんと! 北フランス、ブルターニュのサロマロからスペイン近くの南フランス、トゥールーズの先 アルビまで 850kmを オートルートで、2国の 休けいで、8時間で 走り抜きました。その時、今の220kmのスピード新記録を 出しました。（ワゴン車です）おしくも、ハイウェイ アルルーレース並みでした。こんな距離を走った 経験は 最初で 最終、2度とこんな事したくないですヘ～。(サン・マロ → レンナ → ナント → ラ・ロッシェル → ニオールー → ボルドー → アジェン → トゥールーズ → アルビ) でもアルビに到着して 素晴しい 職人集団の村を発見いたしました。

---

**Information** / スタッフ募集のお休みなど

* 横浜港南台「TONTON BIGOT」、銀座「Douce France」では、クリスマスシーズンを迎え、スタッフを募集しております。パート、アルバイトも可。食べ物に興味のある方、一緒にやってみませんか？
  * トントンビゴ 045(832)7803 担当 マキ
  * ドゥース・フランス 03(3561)5205 担当 イワブチ

**11月13日、14日に**
NHK.教育テレビ（3ch）
PM6:00～
「天才テレビくん」に ムッシュ・ビゴが 出演いたします。どうぞ、ごらん下さい!
HP. bigot-tokyo.com
メール. fujimori@bigot-tokyo.com

---

**BIGOT**
エスプリ・ド・ビゴ 03(3722)2336
ビゴの店 さぎぬま 044(856)7800
トントン・ビゴ 045(832)7803
ドゥース・フランス 03(3561)5205

11/7, 14, 21, 28. 休
11月 休まず営業いたします.

# ㉛ 日本がパンで世界一になった日

2002年4月23日午後4時頃、フランスのパリ見本市会場に高々と「プリミエール・ジャポン！」（日本。優勝！）と審査委員長ピエール・プリジャン氏の声がアナウンスされました。
　私は一番前でシャンパンを持って待ち構えておりました。
　アナウンスと同時に飛び上がったコトまでは覚えているのですが、その後は頭の中が真っ白になって、どうなったか思い出せません。
　ドンクの菊谷選手（バケット・パンスペシオ部門）、帝国ホテルの山崎選手（ヴィエノワーズ部門）、それから神戸屋レストランの渡辺選手（飾りパン部門）の三氏が、2001年の国内予選に選ばれてから試行錯誤を繰り返し、悩み、そして励まし合う一年でした。
　我々選手団は一週間前からパリのイースト会社の研究室に乗り込み、その年のフランスの粉に慣れるための最後のトレーニングに入りました。
　日本にいる時は三選手ともまだまだ作品は完成しておりませんでしたが、フランスの現地トレーニング最終日にはメキメキ腕を上げて来て「もしかしたら…今年は…」と予感はしていました。
　大会初日は、前回優勝のアメリカ、2位フランス、3位日本、4位ベルギーと、事実上の優勝決定戦です。
　私は、8時間の熱戦が終り、関係者通用口で三人の清々しい顔を見た瞬間「いける！」と、ひそかに確信しておりました。
　彼らの姿を見ていると身体が震え涙も出てきました。

　日本はパンの後進国で、アジアの「お米の国」だから、パンに向かう姿勢がより丁寧でなければ、とつねづね思っております。
　初めて出場した'94が3位'96が4位'99が3位、そして'02が優勝。
　カルベル先生が教えてくれた、少年時代に食べたバゲットから30年。
　日本のブーランジェが作る、しっかり発酵させる本格的なパン

は、世界でもトップの座を勝ち取りました。
　後日、日本に帰って表彰式の写真を見ると泣きじゃくった顔ばかりでした…。
　フランスを追い越した日。
　その場に立ち合い、サポート出来た事は、フランスに憧れた私にとって、言い知れぬ思いでした。
　『パンは発酵が命』まさにそのとおりです。
　…でもそれを教えてくれたのは、フランス人なのでした。
　ちなみにフランスは4位でした…！（エッヘン！）

◎「日本のお菓子に物申す！」
　以前からお話ししている様に私はクラシックなお菓子が好きです。パンの世界は「レトロ」が一寸評価されてます。
　お菓子の世界も伝統菓子の分野がありますが、お菓子のコンクールになるときらびやかな飴細工のピエスモンテが幅をきかせているようです。
　そこで毎年テーマを替えて、シンプルな伝統菓子のコンクールがあっても良いのでは…？（基本が身についてないと出来ないでしょうね…）さしずめ名前はクープ・ド・ルコント「Coupe de Leconte」はいかがですか？（故ムッシュー・ルコントの功績をたたえて…）

洋菓子の雑誌の依頼で旧知の巨匠ピエール・エルメに単独インタビューした時のもの（パリにて）。見かけによらずナイーブで親しみ易いシェフです。今ではすっかり仲良しです。

㊞ 独断偏見

# シェフ藤森の お勧めのお店

～Boulangerie 編～

「ブーランジュリー・ル・フール・ア・ボア」(Boulangerie Le four à Bois)

　シャンパンで有名なランス (Reims) は、パリから東に約150km程行った、大聖堂のあるシャンパーニュ地方の中心です。

　クリストフ・ズニック (Christophe Zunic) のこのブーランジュリーは、いつもお客さんが絶えません。

　フール・ア・ボア「Four à Bois」は「まきの窯」の意味で、お店の奥に大きな石釜があり、それで焼いています。

　粉は Bio で、Type65、70の灰分の多いコクのあるものを使っています。

　スペシャリテは、バゲット・トラディショネル・ルヴァン (Baguette traditionnel levain) や、どっしりとしたルヴァン種のパン・ド・カンパーニュです。

　そして、ちょっと珍しいルヴァン種入りで、ホワイトチョコが入った、パン・オ・ショコラ・ブラン (Pain au chocolat blanc)、中々美味しいです。

　「Boulangerie Le four à Bois」
　80, rue de Vesle, Reims
　tel 03.26.47.40.20　　日曜休日

※ ランスに来たら、ついでにポメリーやモエシャンドンのカーヴを見学することをオススメします。

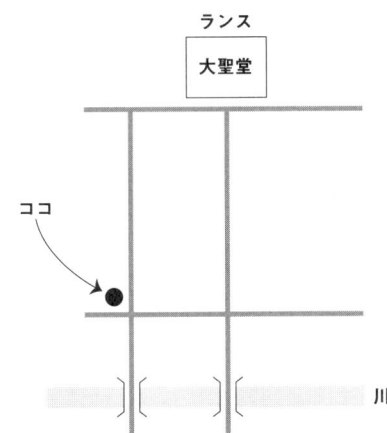

（独断偏見）

# シェフ藤森の
# お勧めのお店

～Pâtisserie 編～

「うーん、やっぱりミュロ（Mulot）さんかな〜？」

日曜日のこの店は戦場です。

マドモワゼルが彼氏とガトーを見て廻ったり、品の良い老紳士がバゲットを買うために並んでいたり。

そうかと思えば、常連のマダムがショコラを注文していたり、30代の若夫婦がブランチのため、トゥルト（Tourte＝ミュロのオリジナルキッシュ）や、惣菜を眺めていたり。

多分、午後、自宅に友人を招くのだろうな…という感じ。

ミュロの惣菜コーナーは、色鮮やかで美しく、ヘルシー感覚いっぱいのサラダが盛られていて、ショーケースの前は、迷っている人でいっぱいです。

そんな人ごみの忙しい店の中を、コックコート姿が良く似合うムッシュー・ミュロが、地下のキッチンとお店を何度も行き来して、チェックしたり、補充したりしています。

ガトーも美しい。ショコラもいっぱい。

マカロンは色とりどりで斬新なものが多く、サラダやキッシュ、ピザなどの惣菜はところ狭し。

パンは、レトロ・バゲットから、ヴィエノワズリー（菓子パン）まで、とにかく何を買おうか、ウキウキしてきます。

ミュロさんは、とにかく働き者。私が訪ねると、いつも必ず商品を持ってお店へ出てくる途中…といった具合です。

手作りにこだわり、良心的。特にオリジナルキッシュの「トゥルト」は、他の店より高さがあるから、具沢山でお客様思いです。

マダムもいつもパン売り場のレジにいて、定位置から絶対に離れません。

以前ご夫婦と一緒に、ノートルダム寺院が川越しに見えるスペイン料理屋に食べに行きましたが、二人とも明るく、気さくな人柄で、うっとりしてしまいました。

超アコガレです。

ミュロのメニューで私がお勧めなのは、意外や意外！サンドイッチやカスクルートです。明太子のタラモとブリオッシュのサン

ドイッチ。
　カマンベールのカスクルートに、ヘルシー野菜のブリオッシュサンド。パン・オ・レや、セザム（ゴマ）のパンに、グリュイエール、ハム、チキンなどを挟んだ様々なサンドイッチは、この後セーヌ川沿いで、思わずピクニックをしたい気分にさせてくれます。
　ミュロさんの人柄が、そのままメニューに現れているお店。
　三拍子揃った、<u>パリにも東京にも</u>他にないであろう、すばらしいパティスリーです。

　76, rue de Seine 75006
　tel 01. 43. 26. 85. 77
　Métro : Odéon　　水曜休日

*Bon Appétit !*  NO.195  Mars 2002

"ビゴのスタッフの、フランス、おすすめ地方、No.1"
～ミディ・ピレネー（フランス南西部）は暖かく、今、最高です～

春のゴールデン・ウィーク前の、フランスまでの航空運賃は、意外と格安です。そこで、3月～4月の春のフランスを、少し、御紹介致します。
まずは、南西部（SUD-OUEST）。パリからトランジット（乗り換え）で約1時間半、トゥールーズ（TOULOUSE）に到着します。この町は文化、芸術都市なので、ロートレックのミゼ（美術館）などが有名でもあります。スペインとの国境に近く、ピレネー山脈が走り、ユネスコの世界遺産も点在しております。世界中から巡礼者が訪れるルルド、聖地ロカマドゥールは自然の美しさでも有名です。また、温泉地も多くあり、ゆっくり滞在するにもOKです。
グルメ、としては、代表的なカスレー、フォアグラ、フルーツ類、アルマニャック、などなど、星の数にあります。気候が一年中を通じて温暖な地方で、是非、訪れたい町としては、トゥールーズ。この町は大西洋から地中海を結ぶ、カナル・デュ・ミディ（La Canal de Midi）という自然の美しい運河が流れており、前回の、ボナペティでも紹介した白いんげんの土鍋料理、カスレーなども有名です。
次が、カルカッソンヌ（CARCASSONNE）のシテ（La Cité）。ここは、中世の城壁の町です。ライトアップされた夜もとても美しいです。
又、トゥールーズから北東へ約100Km程のところにあるアルビ（ALBI）、ここは、南西フランス独特の、のんびりした町です。この近くにコルド（Corde）と呼ばれる、いろいろな仕事の職人が集まって一つの町を楽しんでいるところがあります。尻尾までトげければ最高だと思います。
帰りは、地中海岸のモンペリエ（MONTPELLIER）まで足をのばしてみるのも良いでしょう。このシーズンはミモザがとても美しいです。
次回はアルザス地方を予定しております。

*White Day 2002*  2002年のホワイトデーは、カラフルな"マカロン・ド・ビゴ"がおすすめです。１つ１つが普通のマカロンよりひと回り大きめで、5種類のテーストと色合いです。迷った人のセンスが喜ばれます!!

- ♡ ピンク ……… フランボワーズ味
- ♡ ショコラ ……… ショコラ味
- ♡ ベージュ ……… バニラ味
- ♡ カフェ ……… モカ味
- ♡ きみどり ……… ピスタチオ味

- ♢ 5個入り … ¥1,000-
- ♢ 10個入り … ¥2,000-
- ♢ 15個入り … ¥3,000-

★ご予約承っております。（各店頭又はTELにて）

BIGOT. ホームページ→ http://www.bigot-tokyo.com （i-mode → http://www.bigot-tokyo.com/i.html） ✉→ fujimori@bigot-tokyo.com

| BIGOT | | | |
|---|---|---|---|
| | エスプリ・ド・ビゴ（田園調布） | 03(3722)2336 | 3/6, 13, 20, 27 (水) おやすみ |
| | ビゴの店（恵比寿） | 044(856)7800 | |
| | トント・ビゴ（溝の口） | 045(832)7803 | 3月休まず営業致します。 |
| | ドゥース・フランス（銀座） | 03(3561)5205 | |

独断偏見

# シェフ藤森の
# お勧めのお店
~道具屋編~

「ドゥイルラン（Dehillerin）」

　あの、有名なパティシエ、ジャン・ミエ（やさしいおじいちゃん）氏の息子、クリスチャン・ミエ氏は、ムッシュー・ビゴがパリでお店をやっているころ、そのマネージャーでした。

　彼のマダムは、あの有名な（日本でも…）道具屋「MORA（モラ）」のファミリーという関係で、僕はMORAでは結構顔がききます。

　（そうそう、この前ここで偶然、今売り出し中の友人のパティシエ、青木君に会いました。明るくて彼はイイ奴です…）

　そんな顔が効く店があるのに、その裏通りにある「ドゥイルラン」を勧めるのは、一つ一つ手に取りながら、ピンからキリまであらゆるものを選べるからです。地下の売り場は小もの一つでも売ってくれますし、タルトレットの型やホイッパー1本選ぶのでも、スタッフの親父達が真剣に話を聞いてくれます。私は必ずここで毎回沢山買物をします。特に、一寸ラテン系っぽいフランクというアンちゃんはのりがよくてマケてくれます。計算が苦手なので間違って得する時もあれば損する時もあるのでご用心!!

　お店の人も、上っぱりを着て、気のいい親父ばかりです…。おだてると、おまけしてくれますよ！

　Dehillerin
　18, rue Coquillière 75001
　tel 01.42.36.53.13　　　日曜休日
　Métro : Les Halles

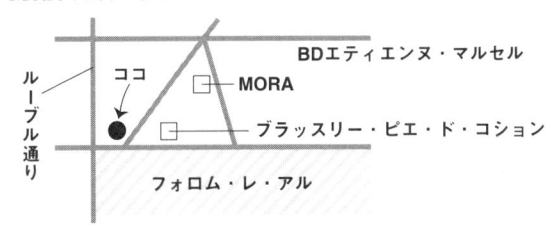

独断偏見

# 大好きメニュー

◎Soupe de poisson(スープ・ド・ポワッソン)

　白い陶器の壺に、グツグツと煮えたぎった朱色のスープがたっぷり。

　ブルターニュ地方の代表的なメニューです。

　いっしょにサービスされるココットの中に、カリカリに焼いたクルトンが入っています。

　クルトンの上にチーズを乗せて、ルイユ(スパイシーマヨネーズ)を塗り、スープに浮かべて食べます(人によって違うかも…)。

　味は、海の幸が全て凝縮されているような感じです。

　フランス中食べまわって、胃が疲れているときや、冬の寒い時期などには最高です。

　ブルターニュに行ったらまずはムール貝、そしてその後にスープ・ド・ポワッソンをオーダーしてみてください。胃が疲れている時や、寒い時には、ホッとするメニューです。

　その似たメニューに南仏にはブイヤベースがあります。こっちの方がスープはやや軽めなので日本人には丁度良いと思います。


◎「ペタンク(Pétanque)講座」

　よく日本のゲートボールと一緒にみられるそうですが…どっこい全然違う熱いスポーツです。

　ハガネ製の重いボールを持って2チームに分かれてコショネ(小さな木のボール)を的にしてハガネのボールを近づけたりはじいたりして競うスポーツでマルセイユが盛んです。

　フランスに行く先々で知人とよくやります。

　アペリティフ(食前酒)ぐらい賭けます…。

　でも、今でも一度もビゴさんには勝てません…。

## シェフ藤森の
## お勧めのお店

独断偏見

アドレスは前のページに紹介しております

「Le Bistrot d'à côté（ル・ビストロ・ダ・コテ）」

　この店のメニューを見ると、いかにもビストロっぽい、書き方をしているのですが、いざ料理の皿が来ると、その斬新さにいつも驚かされます。

　デセールも充実しており、「Les pots de crème au chocolat à l'ancienne」小さな陶器のポットに入った、クラシックな味のクレーム・オ・ショコラでした。おススメです。

　とにかく一度訪れてみてください。

　隣に、かの有名な2ツ星レストラン「ミッシェル・ロスタン（Michel Rostang）」があります。同じ経営で、裏でキッチンが繋がっています。だから、美味しいし、お客からの信用もあるのでしょう。もう何十年も昔からロスタン氏の父の代からのミシュランが本棚いっぱいにギッシリつまってます。

　狭いので、予約を取ったほうがいいです。

◎"クープ・デュ・モンド・ブーランジェリー（パンのワールドカップ）"を知ってますか…？

　3年に1度パリでお菓子・パンの大きな見本市でくり広げられる世界的なコンクールです。前出の様に"2002年に日本は初優勝したので、次回2005年はディフェンディングチャンピオンです。

　我々も公式ツアー etc. 企画しますので是非応援にいらしてはいかがですか…？

**profile**

### 藤森二郎（ふじもりじろう）

東京生まれ。ビゴの店にパティシエ（菓子職人）として入社するが、次第にパンの世界に引き込まれ、ブーランジェ（パン職人）になる。ビゴの店の東京一号店のシェフとなる。現在は㈱ビゴ東京（田園調布・二子玉川・鷺沼・港南台）のシェフ・パトロン。
2004年に世界で最も権威あるフランス料理アカデミーに入会。
日本人ブーランジェとしては史上初。
URL : http://www.bigot-tokyo.com
E-mail : fujimori@bigot-tokyo.com

著書
『エスプリ・ド・ビゴの12カ月』（パルコ）
『フランスの地方で巡り逢ったパンとお菓子の本格派レシピ』（旭屋出版）

**Design  STUDIO SESAME**

# フランスパン

定価／1890円（本体1800円＋税5％）

2004年7月20日　初版第1刷発行
著者／藤森二郎
発行者／井田洋二
発行所／株式会社 駿河台出版社
〒101-0062 東京都千代田区神田駿河台3丁目7番地
電話／03-3291-1676（代）　FAX／03-3291-1675
振替東京　00190-3-56669
http://www.e-surugadai.com

製版所／株式会社フォレスト
印刷所／三友印刷株式会社
ISBN4-411-00396-1　C0077　¥1800E